皇室与大国丛书

北欧皇室

冰火传奇

BEIOUHUANGSHI
BINGHUOCHUANQI

孙琇／著

中国青年出版社

前言

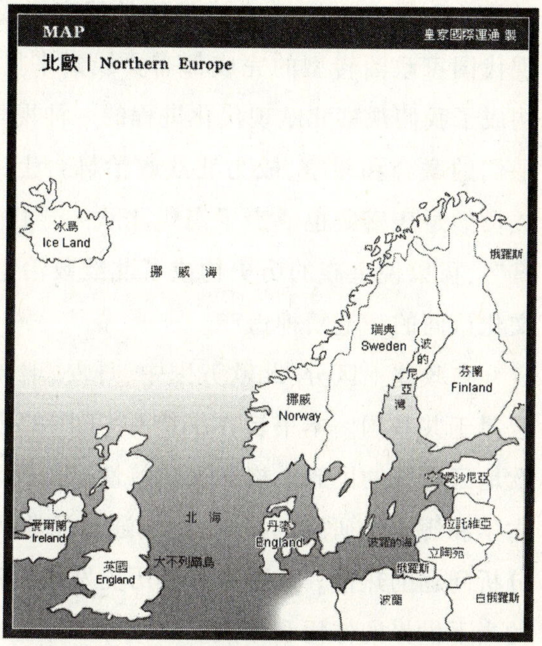

北欧地图

作为欧洲最年轻的地区，北欧在一万年前才逐渐从海洋和冰川中崛起，成为波罗的海以北一片神秘的区域。它西临太平洋，北抵北冰洋，东连东欧，南望中欧，面积约为130多万平方公里。在行政区划上，包括欧洲北部的挪威、瑞典、芬兰、丹麦和冰岛五国，以及内部自治的法罗群岛。在地貌上，除了斯堪的纳维亚半岛较为高海拔以外，总体地势低平。多为台地和蚀余山地，冰蚀湖群、羊背石、蛇形丘、鼓丘交错构成这一区域独特的地质景观。在气候上，被亚寒带大陆性气候主导，冬季异常寒冷且漫长，而夏季则凉爽而短促。在社会生活上，只有2200万人栖居于此，人口密度每平方公里约为10—20人左右。其中人口最密集的丹麦，每平方公里也不过刚刚超过100人，而最少的冰岛则只有两人。但是即便如此，北欧各国的经济水平相较欧洲其他地区则较为发达。其中丹麦和瑞典的人均国民生产总值在世界上也遥遥领先，其“从摇篮到坟墓”的福利保障体系也令世人啧啧称奇。在文学艺术上，诞生了童话作家安徒生、戏剧家易卜生和斯特林堡、电影艺术大师英格玛·伯格曼、表演艺术家

葛丽泰·嘉宝和英格丽·褒曼。这些名字在中国读者和电影爱好者心目中也都是耳熟能详的。透过英格玛·伯格曼冷峻的镜头，北欧人的深沉和坚毅征服了世界，也激发了我们走进北欧历史的热情。

北欧的历史大致可以分为3大块：上古时期，早期先民活动时代；中古时期，维京海盗鼎盛以及封建王国形成和巩固时代；近现代时期，中央集权的专制制度的衰落、自由时代的来临以及现代福利国家的兴起时代。中古时期以来，北欧地区的国家形成、王朝战争、宗教改革，以及现代国家政治转型的完成都需要线索来贯穿，而3个皇族的历史，恰恰构成了我们观察北欧现代化进程的一种视角。历史上，皇族的兴衰以及他们的联合和斗争，成为北欧政治舞台上的“宏大剧目”；现当下，皇室成员的婚庆盛典也成为了当代北欧人寻找传统认同的一种“公共的节日”。可以说皇族的历史构成了北欧政治生活的主干，也成为了北欧人文化认同的一笔精神遗产。

在政体上区分：北欧五国中，丹麦、瑞典和挪威属于王国，冰岛和芬兰属于共和国。本书旨在围绕3个王国的历史进程和社会转型，发掘北欧地区特殊的民族性格和文化特性。在故事性的叙述之外，穿插专业考古学和历史学研究的成果，力图通过品鉴历史，激发读者朋友们思考和分析问题的热情。这种对人类历史发展历程的回望，有益于我们对身处的当下世界的体悟和评判。

具体说来，本书在内容上，试图按照历史演进的时间逻辑，顺流而下。首先，呈现远古时代北欧地区的整体风貌：北欧神话，以及维京海盗的早期传奇。之后，兵分三路，分别描述中古时代以来丹麦、瑞典和挪威三国的王朝起伏和皇族人物。最终，简单说明了北欧皇室在历史上的积贫积弱，事实上对北欧当代社会生活和政治体制发挥了一种潜在的积极影响。

当我们拿起IKEA折叠桌上的Nokia手机时，我们知道北欧离我们并不远。在全球化时代的今天，地理上和语言上的距离，可以通过技术的交流，以及阅读并体认其文化的方式来拉近。西方世界，19世纪的印象派们画腻了法国乡村的田野和烈日，在20世纪，艺术家们重新发现了北欧这块尚未开发的处女地，称之为“欧洲最后的原始景色”，而在21世纪的东方，随着中国日渐走向世界，也需要我们更深入地发掘北欧——这块过去鲜有涉足的神奇沃土。通过对异域文化的观察似乎可以更好地让我们认识自己。

那么，就让我们打开这本书，撑起一叶扁舟，走入那千回百转的挪威峡湾，领略历史的激流与冰火的传奇吧！

目录

第一章
冰雪覆盖下的遗迹:北欧的早期历史

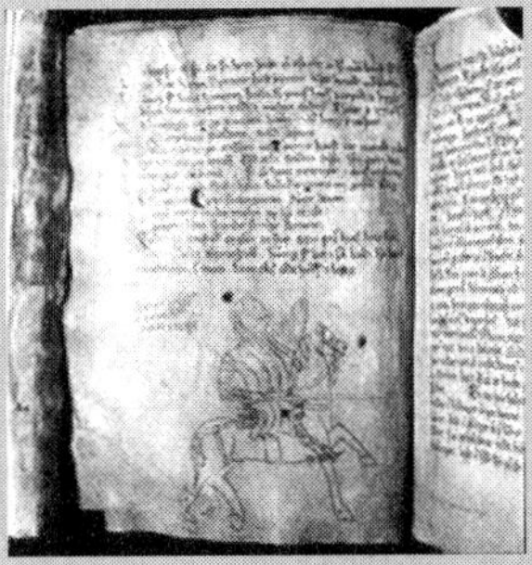

一、“众王之谷”中的“王者之丘”

挪威奥斯陆湾沿岸有个叫果克斯塔的地方，这里住着一户农家，在他们祖祖辈辈耕作的田里有一座直径约50码的土丘。但在这个多山的国家，耕地面积非常宝贵，于是他们就把土丘开垦成了农田。就这样到了19世纪后期，这座土丘已经降到15英尺，不再那么显眼。尽管如此，乡野中关于这座土丘的种种传闻却从未休止过。民间认为：土丘下掩埋着一位国王以及他全部的财富，由此这座土丘被当地人称作“王者之丘”。实际上，奥斯陆峡湾本身也常被冠以“众王之谷”的美称，以此来纪念数千年来曾在此据地称王的各位君主。

1880年4月的一天，这户农家的子弟突发奇想，决定发掘这个土丘。他们首先在土丘中央开凿了一个竖井，这在后世的专业考古学家看来是非常不明智的破坏性的发掘。奥斯陆古物收藏协会会长、著名考古发掘家尼古拉斯·尼古雷森听到这个消息后，火速带着一帮救援人员赶到了现场。他们制止了这种随意性的开掘，开始从土丘的侧翼掘进，形成了一条壕沟，以免破坏丘下的遗迹。虽然在真相揭晓前，他们也不知道这座“众王之谷”中的“王者之丘”下到底掩埋了什么，他们甚至不确定下面是否会有什么神奇的东西存在，但是历史往往像个淘气的孩子，会很意外地抖出一个包袱，要围观的众生为之惊

修复后的古船

异！发掘工作进行到了第二天，发掘人员在清理掉一层厚厚的蓝色粘土后，惊喜异常地看到了一艘体型庞大、保存完好的橡木古船。这艘船长达76英尺，两侧各有16个桨孔装配了32只木桨，加之残存的32只盾牌，这都表明至少要有70名水手轮班划船才能令其航行。船内的财宝早就被洗劫一空，古代盗墓者曾从侧面破船而入，并闯到了船尾附近一间方形的帐幕中，但是他们并没有打扰最初被安葬于此的墓主人。通过现代的科学技术测量得知：这座沉船的主人去世时约有50多岁，身材超过6英尺，他畸形的骨骼似乎说明生前他曾饱受痛风之苦的折磨。但是从墓室的装潢以及存留下来物品的排场上看，他是位身居高位的王者。陪葬的物品包括12匹马、6条狗，还有装饰用的马具。此外竟然还有孔雀的骨头和羽毛，这在寒冷的北方地区绝对是罕见的外来之物。残存的丝、毛织品皆已腐朽，但是点缀用的金线依然熠熠生辉。

专家推测这艘船至少被掩埋了近千年之久，也印证了斯堪的纳维亚特有的“葬船”习俗。这种习俗可以追溯到青铜时代，甚至更早。通过研究船体的结构和船身上的纹饰，考古发掘家尼古雷森初步断定这艘船被埋于公元850年左右，也就是北欧的维京时期。那一时期，船是维京精神最重要的象征，船中葬主的身份也就更加激起了学界的好奇。谜底约在40年后，即20世纪20年代解开。奥斯陆大学的安东·威莱姆·布洛格教授断定死者为沃斯特沃特老国王古德罗德之子、备受痛风纠缠的国王奥拉夫·古德罗德松。这艘古船其实是一艘战船，它为我们寻访曾经

挪威奥斯陆维京古船博物馆外景

驰骋欧陆,声名远播的维京生活打开了一扇窗。这艘雄壮的战船经重新修复,永久陈列于挪威奥斯陆的维京船博物馆,并被赋予“果克斯塔墓船”的专称。

如今,每日来自世界各地的游客都可以通过目睹这艘战船沉稳的骨架来聆听它所见证的精彩过往。而这一切,都要从头说起……

二、维京时代之前的北欧先民

距今一万年前,斯堪的纳维亚半岛就迎来了最早的一批原始居民。在挪威北部芬玛克郡阿尔塔附近,后人发现了分散于45处的上千幅石刻岩画,它们生动描绘了史前猎人和渔民的生活。

北欧先民在公元前4000年左右已经掌握了真正的造船技术。原野上茂密的森林提供了上乘的船骨材料,尤其是橡树和椴树,经过石斧和石锄的加工,使得船体坚固耐用,可以出色地迎击风浪。

在丹麦的锡兰岛附近,考古专家还发掘了一批早期人类生活的遗址,证明这群人是从南部欧洲北上迁徙而来。公元前3000年左右,又有一批后来者来此定居。除了渔猎以外,他们最早开始了刀耕火种的生活。

也就是在公元前3000年以后,北欧的历史进入了青铜时代,精美的工艺饰品和青铜器皿,以及羊毛服饰见证了这一时期农耕文明的演进。约公元前500年,铁器时代到来了,先进的铁器农具极大地推动了农牧业生产的发展。

到了公元5年,凯撒·奥古斯都派出了一支罗马舰队在日德兰半岛登陆,标志着欧洲大陆的主要势力开始与斯堪的纳维亚各部落展开频繁的往来。罗马著名的历史文学家塔西佗第一次对北欧民族——斯维尔人,以文字的方式作了界定:“斯维尔人的船与众不同,船的两头各有一个船首。”这成了最初识别北欧人的一个标志。

以后,欧洲的南北贸易不断兴盛,罗马和拜占庭的财富也随着新开辟的商路不断涌入了北方斯维尔人手中。这一时期,北欧墓穴陪葬物中出现了大量罗马金币，这见证了商业活动的繁荣。甚至还有来自南亚次大陆的物品通过俄罗斯的水路，穿过波罗的海进入瑞典。今天，瑞典斯德哥尔摩的北欧博物馆里就藏有一尊那一时期来自印度的小佛徒雕像。但是到了公元5世纪，罗马帝国崩溃，日耳曼民族在欧洲大陆穿梭往来，搜寻战利品，侵占土地，形成了大规模的移民风潮。由此，历史学家们把公元400年至600年间这段动荡不安的时期称作“移民时代”。在斯堪的纳维亚地区，这一时期是土著居民和外来的日耳曼和条顿民族日渐融合的时期，他们的身体特征也日渐接近现在的北欧人。

其中丹麦、挪威和瑞典人多属于欧洲日耳曼民族，他们有强壮的身体和红色、金黄色的头发，给人一种彪悍强壮的大力士印象。北方的冷峻混合了南欧的热情，让北欧人认定世界的基本构成元素是“冰”与“火”，自然环境里的寒冷和霜雪与先民心中的火热和乐观构成了一组鲜明的对比，也被赋予了“恶势力”和“善势力”对抗的色彩。漫长冬日下坚持劳作的大力士们，晚上回到家中相聚，他们纵情饮酒，欢唱赋诗，成为《北欧神话》中诸多人物的原型。

三、纵横四海的维京人

公元8世纪以后，北欧进入最为传奇的维京海盗时期。“Viking”(维京人)一词，从词源学上看，指的是“来自峡湾的人”，由丹麦文和挪威文中的“vik”或“vig”发展而来，后两个词意指小峡湾或海岸小湾，特指北欧独特的地貌。一般说来，历史上的“维京人”概念是西欧，甚至中南欧人对北方海盗的统称，这其中饱含着一种惧怕心理与敬畏之情的交错。

正如亨德里克·威廉·房龙所言：“查理曼大帝时代的人们，对于斯堪的纳维亚的国家的了解，就像他们对自己8世纪前的祖先塔西佗、普林尼、托勒密所生活的时代的了解一样少。”中南欧的人们只了解“维京人”，因为后者给他们带来过彻骨的伤痛，这种伤痛本身就是一种记忆，一种认知。

公元793年6月8日，丹麦的海盗袭击了英格兰东北部林第斯法恩的

维京时代的丹麦水手。约绘制于12世纪中叶

寺院，由此声名大振，这一事件也被西欧人视为北欧“海盗时代”的开端。公元800年，查理大帝加冕成为法兰克王国的国王，也就是在这一年，维京人的劫掠之风开始大规模地席卷欧洲。公元810年，他们一鼓作气，发动了一次大规模袭击，攻占了被称为“弗里西亚”的北部沿海地区。834年至837年间，他们再次劫掠了这一地区最为富庶的商业城市多瑞斯塔德。841年继续南下，开始大规模侵扰法国。查理大帝的继承者们在塞纳河和卢瓦尔河的谷地地区布置了防卫，但却被维京人以迅雷不及掩耳之势一举攻陷。维京人顺势沿河而上抢劫了鲁昂城。之后在842年继续攻占了筑有坚固工事的南特城。巴黎城也在845年受到围攻。与此同时，另一只维京军队从法国沿海出发，从西面入侵西班牙，到了859年，维京人已经成功越过了直布罗陀海峡，从背后包抄了法国南部城市和诸多意大利港口。直到911年，被维京人打得天翻地覆的法国，在昏君查理的带领下以割地为条件，签署了《圣·克莱尔·埃普特条约》，才换取了维京人的妥协。这块被割出去的领土就是今日的诺曼底地区，这一地区后来成为高卢人和维京人混血后裔的居所。

除了横扫西欧，维京人也曾对东欧发挥过重要的影响。早在公元550年左右，丹麦和瑞典的商人就开始穿越波罗的海向东部进发。他们与当地人进行动物毛皮、羽毛、海象牙以及奴隶贸易。这些当地人日后形成了拉脱维亚和俄罗斯民族。北欧人长途跋涉，沿俄罗斯境内的河流顺流而下，到达黑海甚至曾进入过亚洲。

9世纪之后，维京武士取代了维京商人，开始沿第聂伯河以及伏尔加河向南航行，所到之处，无不大肆劫掠。860年，一支拥有200艘海船的庞大的维京军队对当时雄踞众城之首的君士坦丁堡发起猛攻。其丰厚的战利品令维京人得意满满，之后又在907年、941年和944年多次洗劫该城。在此期间，862年，相互混战的斯拉夫各邦，被维京人的势力所震慑，他们邀请了一个名叫留里克的维京首领和他的兄弟去执掌政权，希望能就此结束分裂。留里克由此在俄罗斯的土地上建立了一个斯堪的纳维亚人的政权——留里克王朝（俄语：Рюриковичи）。留里克的继承人奥莱特在882年将他的统治扩展到基辅地区，并定都在此，这一王朝也称作“基辅罗斯(Rus)”，即以基辅为政权中心的俄罗斯国家。留里克王朝一直延续到1598年其最后一位沙皇费奥多尔·伊万诺维奇逝世，这一王朝因为没有子嗣而宣告结束。在疆域上它大致包括今俄罗斯在东欧地区的领土以及白俄罗斯和乌克兰部分地区。在东欧的中世纪史上它留下了显著的影响。

维京人对英伦三岛的入侵，除了公元793年那次劫掠英国修道院的行动外，他们还曾大举攻陷爱尔兰地区。但是从851年开始，大规模的入侵军队逐渐弃船登陆，开始在当地定居下来，并建立起了永久的根据地。到了880年左右，维京人几乎控制了大不列颠的大部分地区，只有西南部的苏塞克斯王国幸免。维京人以约克城为势力中心，并在此地铸造钱币，由此，后世的约克郡曾多次出土维京人铸造的印有战神索尔的战剑和锤子的古代钱币。

公元10世纪，爱尔兰国王率队与入侵的维京人展开激战，斗争一直持续到11世纪末期，最终才使得爱尔兰大部分地区得以收复。但是英格兰地区则一直被维京人控制。直到1066年同为维京人后裔的诺曼人入侵，才结束了丹麦人在这一地区的统治，史称诺曼征服。

此外，维京人也对冰岛和格陵兰岛的开发立下了汗马功劳。公元860年，挪威人瑞温·弗洛克第一次带领远征军开始在冰岛展开殖民活动，之后挪威人英果尔夫·阿纳森建立了第一个永久性的殖民地。930

年，他们决定在雷克亚未克以西40公里处的一处草木旺盛的峭壁前聚会，并决定自此以后全民每年举行一次大会，讨论有关民众共同的大事。这一野外聚会议事的习俗一直沿用了近800年，史称阿尔庭制度。“阿尔”是“全体”的意思，“庭”则是大家聚在一起议事的地方。这一制度被视为西欧议会制度的雏形，比英国议会制度的形成还要早近300年。格陵兰岛最初是由红发埃里克在公元982年发现的，当时他被驱逐出挪威，又在冰岛因伤及两人的性命而遭二次放逐。他在985年潜回冰岛招募了一支远征军，开动25艘船前往格陵兰岛，但因海上遭遇风暴的缘故，只有14艘船到达了目的地，他们在那里建立了两个殖民地。

可以说，维京人的纵横四海极大改变了欧洲的整体政治面貌，也成为了公元8—11世纪西欧内部经济文化交流和人口流动的重要动力。在维京时代海上扩张活动的表层之下，蕴含着两股力量的支撑：一是技术支撑，即北欧人造船技术的领先；二是精神支撑，即北欧人特有的勇于进取的民族性格。

四、维京人的造船技艺

运载维京商人和武士扬威海外的船只，多来自技术娴熟、临海而居的造船师之手。他们不仅具有独特的审美眼光，而且在技术构造的发明上也令人叹为观止。一系列的考古发现记录了维京航船从公元前4世纪至公元11世纪的发展。丹麦赫约斯布林出土的一只造于公元前500年至公元前300年之间的船只，只有60英尺长，结构简单，在规模上已经达到了当时的最高水平。挪威西部克尔瓦山德的一处沼泽地出土了一艘大约造于公元700年的古船，由于有了龙骨的架构，使得此船更能经得起风浪，船身也变宽了，可以配备桅杆和船帆。文章开头提到的那搜著名的果克斯塔墓船，约造于850年，它兼具了牢固了龙骨、宽大的横梁以及用来悬挂方形船帆的42英尺长的桅杆，在右侧船舷靠近船尾的部分还安装了一只船舵。建造于公元1000年左右的斯库尔德列夫二号船骸虽然只是部分的得以修复，但它仍是迄今为止发现的最长的维京船之一，长度达到100英尺。

具体说来，维京人的船只可以细分为两大类别：一是为了海上劫掠或远行而设计的海战船；二是专门用来运载货物的商船。海战船轻而窄，速度快。两侧布满了划桨洞。当逆风行驶或需要用力划桨时，桨手可以轻而易举地降下船帆，操纵灵活。相反，运货商船则身高而宽，且桅杆固定不动。但两种船有一个共同点，即船身外面包裹着一层船板或叫列板，用铁铆钉固定在船体上。船板间的空隙用由动物毛和植物纤维制成的绳索填塞，具有良好的防水功效。

描绘维京海盗的绘画

五、维京人的婴孩精神

维京人为北欧先民注入了一种刚健坚毅的民族性格，这种性格渗入到血脉中，代代相承。尼采在《苏鲁支语录》和《查拉图斯特拉如是说》中指出："人是个不确定的存在。"他将人类精神的变迁分为从骆驼到狮子再到婴孩的三阶段。骆驼象征坚韧的理性，狮子象征强力的个人意志，婴孩象征充满希望的未来。这是一种从理性到意志，再到情感的精神历程。维京人在性情上也反映了这种"精神三变"，他们面对恶劣自然条件的态度是一种冷峻而沉着的担当，如同骆驼在沙漠中沉默的前行，他们知道除了前行，别无他途。而支撑这种理性的是他们尚武的内心意志——只有自身的强大才能抵御自然的严酷。但是当维京人拖着雪橇回到家中时，三杯暖酒下肚，火热的激情又马上令他们燃烧并释放，那种孩子般的率性、爽朗、热情和无畏令冰雪融化。这种踏实劳作的沉稳

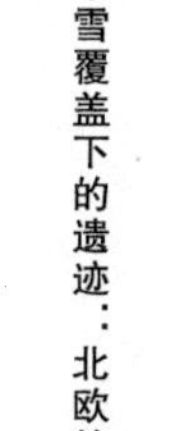

和锐意进取的扩张，如同冰与火的交融，使得维京人成为欧洲历史上的奇葩。

不断进行海外扩张的北方巨人，如同孩子般无所畏惧，永不停歇，他们坚守简单的理想，用蛮力开展不断的征服活动。冒险精神在他们看来更多是一种内在的情感满足，是一种传统赋予他们的生活习惯。可以说，维京人的这种精神直接植入到了北欧皇室的血脉中，王朝之间的争斗以及王朝内部的较量构成了皇室历史发展的主线。

描绘维京海盗的绘画

第二章

文明化的重大推进和北欧皇室的出现

一、维京时代的结束

二、基督教的传播

三、文化认同的建立:《埃达》与《萨迦》

四、城市和商业活动的繁荣:汉萨同盟

五、北欧王室的出现及其特点

六、独特的共主、共治现象

一、维京时代的结束

之所以说维京人海外征服具有一种婴孩精神，还在于这种活动的目的是直接、肤浅且不假思索的，有一种孩子般的任性和贪婪。这是在心理机制上的一种原因。然而，从更根本上讲，自然条件的贫瘠，却是一个不容回避的表层经济原因。那一时期的北欧人可以分为两类：一类是那些类似骆驼的“村夫乡愚”，守着家乡的土地；另一类是“自由人”，驰骋于海上，从事贸易甚至直接的劫掠。这些胆大妄为之徒，最鲜明地反映了维京人的形象，也使得北欧内部的社会结构出现了分化，推动了文明化进程的脚步。但是这种脚步的足迹却是耐人寻味的。

到了1050年，海盗扩张和贸易，一下子戛然而止。历史学家对800年到1050年间海盗活动的活跃与终止有多种不同的见解。比利时著名历史学家亨利·皮朗(Henry Pirenne)认为，这主要是由于公元9世纪时，伊斯兰教和阿拉伯人征服了地中海沿岸的南欧和东南欧地区，阻断了西欧与东方的贸易通道，促使人们寻找新的贸易通道，导致北欧和波罗的海地区贸易的繁荣以及大规模海盗活动的猖獗。而到了11世纪中叶，地中海地区战事结束，各国都加大了对海盗活动的镇压，促使从西欧到近东、中东的贸易通道得以恢复，从而也使得斯堪的纳维亚半岛的繁荣和扩张失去了继续维持的动力。

尽管世界经济因素是个重要的解释视角，但是北欧国家内部的社会蜕变也加速了告别野蛮的步伐。北欧国家内部的宗教、文化、经济和政治建设，也使得维京人婴孩般的任性受到了必要的节制和匡正，这也是北欧文明化进程的巨大进步。其中宗教的原因功不可没。

二、基督教的传播

基督教传入北欧，是个漫长的历史进程，大约耗时200年。首先，通过海外贸易以及维京人的征服，北欧人与基督教地区的居民建立了深入的联系,受到后者的感召和影响。同时,英国、法国、德国教会的传教士也不断地北上,他们坚持开展各类传教活动,从根本上削弱了挪威人对北欧传统神祇的信仰基础，基督教化的过程其实也是北欧封建化的过程，因为很多国王往往正是借助着教会势力的扩张而巩固了自身的王权,这又反过来进一步促进了基督教的扩散和巩固。

公元829年,法国传教士安斯加(Ansgar),即后来的德国汉堡大主教,途经丹麦的海泽比,最终抵达了瑞典的商贸中心贝加。起初他受到了当地国王的欢迎,在此传教达一年多。但是当他离开后,反基督教的势力再次反扑,留在这里的教士遭到了屠杀,使得安斯加不再敢染指此处。直到850年,他才再次返回,试图恢复传教活动,但这次尝试依然是短命的,以悲剧告终。然而他坚忍不拔的布道精神却增进了当地教徒的信心,在他死后不久,他被追封为圣徒。可见早期的传教活动如果没有当地国王的赞许是多么的艰难。在随后的篇章中,读者们将会看到北欧皇族在促进国家基督教化过程中的显著作用。可以说,各国的情况并不完全一致,但是皇室政权的襄助有力推动了宗教的发展。

位于瑞典西哥得兰地区的哈萨比教堂，是瑞典最古老的教堂，可追溯到公元11世纪

如果说基督教的传入,表明了北欧开始融入欧洲大陆文明;那么基督教传播所遭受到的抵抗则表明北欧内部文化认同的巩固和增强,可以说这两个过程是同步进行的,如同一枚硬币的两面,共同构成了北欧文明化进程的重要标志。史诗文学的出现构成了北欧人共同的记忆。

三、文化认同的建立:《埃达》与《萨迦》

北欧人精神源泉和英勇业绩的书面载体就是瑰丽的北欧神话,它

北欧史诗文学《埃达》与《萨迦》

主要包含在诗体《埃达》(《旧埃达》)与散文《萨迦》中。18世纪的意大利学者维科(Vico)曾认为:世界上的民族大都经历了三个发展阶段——神的时代、英雄时代和人的时代,分别对应人类生活的三个阶段:童年、青年和成年。其中新、老《埃达》主要反映神的时代,《萨迦》则反映了从英雄时代到人的时代的转化。

“埃达(Edda)”一词原指“神的启示”或“运用智慧”,后来引申为“诗篇”的意思。《埃达》是公元9世纪从挪威迁徙到冰岛定居的移民,将斯堪的纳维亚半岛地区流传已久的日耳曼人的口头传说固定下来的产物。这种口头文学由于战乱,在挪威、瑞典和丹麦日渐失传,销声匿迹。反倒在偏远荒凉的冰岛幸存下来, 并在公元11—13世纪由当地的行吟诗人记录在了小牛皮上,最终在13世纪定稿。诗体《埃达》共收集了38首长短不一的诗篇,其中最后3首可以看到基督教入侵的痕迹。主要由神话故事和英雄史实构成,成为与希腊赫西俄德的《神谱》、罗马奥维德的《变形记》以及印度的《摩诃婆罗多》齐名的历史史诗。“萨迦(Sakya)”一词原意是“说”和“讲”,引申为“故事”和“传说”。相传丹麦的西兰岛是由吉英恩女神掌犁,她的四个儿子变身为公牛把瑞典中部挖空而犁出的,这个岛上的国家由一名无所不知的女王萨迦斯统治, 主神奥丁下凡猎艳之际,结识了女王并将其收为妻室。因为她通晓古今,所以就被视为掌管传说的女神,由此“萨迦”也就成了神话和传说的代名词。150种《萨迦》在内容上较为庞杂,包含“王室萨迦”、“家族萨迦”、“主教萨迦”和“虚构萨迦”等多种门类。其中“王室萨迦”,又称“历史萨迦”,个中最具代表性的是《挪威国王萨迦》,可以说是一部“挪威列王传”。它记载了史前时代到公元1177年挪威历代君王的王室生活、征战业绩以及当时的社会情况。《英林嘉萨迦》可以被看作是《挪威列王传》的序篇，记载了史前到公元900年的瑞典国王谱系。这些史诗传奇和神话故事，反映了北欧先民早期的实际生活状况，也成为北欧人世代相传的一种集体记忆，在流传中逐渐使北欧人凝聚为一，建立了区别与欧洲其他地区的文化认同。为区域内部的统一奠定了一种思想上的基础，也为我们了解并研究北欧早期皇室的发展提供了重要的线索。

四、城市和商业活动的繁荣：汉萨同盟

汉萨同盟是德意志北部城市间形成的商业和政治联盟。同盟形成于1356年，极盛时代以吕贝克城为中心，加盟城市多达160座，历经三个多世纪，到了1699年才宣告结束。约在12世纪中叶到13世纪中叶，德意志莱茵河流域的对外贸易异常活跃，贸易重心扩展到波罗的海地区。而

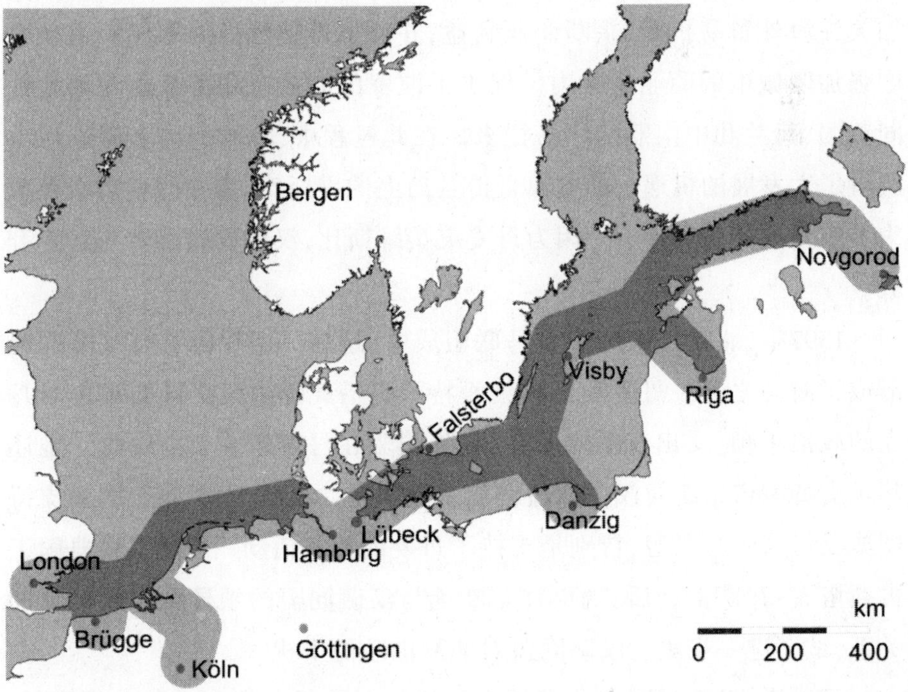

汉萨同盟主要的贸易线路图，西起英国伦敦，东至俄罗斯的诺夫哥罗德，其中北欧的丹麦和瑞典港口是其中途的关键枢纽

当时北欧的维京海盗还具有一定的势力。为了抵御海盗劫掠，确保航运安全，汉萨同盟应运而生。“汉萨(Hanse)”一词，在德文中是“公所”或“公馆”的意思。“汉萨联盟”一词首次出现在1344年。到了1367年，加盟的77座城市派出代表在德国科隆举行了首次会议，约定同盟设立最高议会和最高法院，各座城市都必须遵守同盟权力机构的决议。各个城市间建立公共的财政体系和共同的海军，同盟在外交、宣战、媾和和缔约方面具有协调一致的权力。

1368年到1370年间，汉萨同盟的联合舰队打败了丹麦，迫使丹麦签订《斯特拉尔松德合约》，这份合约使得汉萨同盟具有了北欧政治同盟的性质。由此，扩大了汉萨同盟对波罗的海、北海的商业贸易以及斯堪的纳维亚政治的控制。3个多世纪中，汉萨同盟的作用也伴随着北欧经济的发展和社会的进步而发生了职能的转变。

早期，同盟的主要宗旨是镇压海盗活动，打击海上掠夺活动，并取消不合理的海峡通行税，从而扶植并保护商业自由。后期，同盟开始更加关注海外贸易扩张，垄断商业利益，并通过排他性的地方保护主义来增强加盟城市的商业竞争力。促进了波罗的海沿岸和德意志北部地区同英国、荷兰和中南欧的贸易往来。在此过程中，北欧的诸多海港城市获得了大发展的机遇。如瑞典哥得兰岛上的维斯比、挪威的卑尔根都成为了重要的商站和港口。因为丹麦突袭维斯比，汉萨同盟还曾与丹麦开战。

1397年，北欧三国的卡尔马联盟成立，这在一定程度上与汉萨同盟形成了对立之势。丹麦女王玛格丽特一世借此强迫汉萨同盟放弃对丹麦的政治干预，交出占据的堡垒，废除同盟在丹麦领土上的税收。她还甚至支持海盗组织对汉萨同盟商船发动袭击。由此，汉萨同盟转而支持瑞典反对卡尔马联盟，特别是支持了丹麦的叛乱活动。但到了瑞典国王古斯塔夫·瓦萨上台后，瑞典宣布断绝与汉萨同盟的领导城市吕贝克的关系，试图进一步驱除汉萨同盟对北欧内政的干扰。

可以说，汉萨同盟在北欧历史中的作用是复杂的。一方面，同盟打击了维京海盗，促进了波罗的海地区经济的发展，繁荣了北欧与中南欧

汉萨同盟最重要的商站之一：挪威城市卑尔根。卑尔根自建城以来，长期都是挪威最大的城市，直到19世纪才被奥斯陆超过。作为汉萨同盟的重要成员，这座城市曾是从比利时到俄罗斯海上商路的枢纽，被视为北欧贸易的桥头堡。德国商行聚集于此，曾租下市内的沃根码头，在此盖房建屋。后来码头附近的土地成为了德国商人们的私产，享有不受挪威政府法律管辖的特权

今天在卑尔根城留存下来的码头边的德国商铺（左上），其中一座成为了汉萨同盟博物馆（右上），藏有那个时代的账本（左下）和卑尔根的城市印章（右下）

的贸易往来，使得奥斯陆、斯德哥尔摩、卡尔马、卑尔根、马尔默、阿尔堡等海港城市获得大发展的机遇。另一方面，也使得外部势力，特别是德意志联盟的势力渗入了北欧的政治生活，局部战争的爆发和战后合约的缔结都在一定程度上震荡了挪威、瑞典和丹麦的国内政局，导致斯堪的纳维亚半岛内部要么相互结盟，要么彼此猜忌。汉萨同盟成为了北欧国家王室更迭不断的一个重要外部因素。

五、北欧王室的出现及其特点

北欧地区，国家的形成相对较晚，往往与部落间的兼并战争以及海盗团伙的彼此征伐纠结在一起，类似于中国历史上的春秋战国时代。北欧三国的封建国家得以建立，在很大程度上源于不同部落间的称霸战争。民间史诗《埃达》与《萨迦》中所透露出的强烈的尚武精神和循环往复的战争纠葛真实地反映了这一时期的历史风貌。如果说武力征服构成了国家统一的外部军事驱动力，那么基督教的传播和区域内的贸易往来则构成了国家统一的内部文化和经济凝聚力。正是在以上几节所提到的几个因素的共同作用下，统一的封建制国家缓慢地形成。

需要注意的是，即使国家实现了统一，国王的权力也相对弱小，地方权贵和贵族势力在很大程度上有效制衡了王权。所以在丹麦、瑞典和挪威这三个国家中，国王在很长的历史时期内没能建立起强有力的专制君主制。在北欧，等级君主制长期存在，这种状况甚至贯穿了中世纪的大部分时期。直到近代以后，成熟的中央集权的封建国家形态才短暂出现。然后随着欧洲社会整体的现代化转型，迅速过渡到君主立宪制。也就是说王权从最初的贵族手中真正放到王室手中没多久就很快传递给了议会，以至于北欧王室的权威和实力很难与欧洲大陆的绝对君主们和东方专制主义的君主们等量齐观。这是北欧皇室的特色所在。可以说贵族政治是纠缠北欧各个皇族自身发展的重要内容，而这一传统也说明了为什么皇室成员在近现代社会转型上的开明与迅速。

这种弱君主现象最直接地反映在王室继承人的产生方式上。有两个特点不得不特别注意。首先，北欧长期实行选举君主制，也就是说国王的产生并不严格按照父死子继的方式，而是往往由贵族在王室内部推选产生。一方面，这与早年北欧国王多不结婚，早亡，没有留下子嗣有关。另一方面，也与贵族势力强大，试图扶植代理人有关。第二，北欧王室并不过于看重血统的纯正性，许多统治家族在绝嗣的情况下往往会选择旁支或外戚来执政。最特别的例子就是瑞典贝纳多特王朝的建立。迫于险峻的外部军事压力，瑞典荷尔斯泰因–戈托普王朝的末代君主卡尔十三世竟然邀请法国元帅让·巴普蒂斯·贝纳多特入主瑞典。而贝纳多特是个纯正的法国人，没有任何北欧血脉。直到他的重孙古斯塔夫五世在1881年迎娶了巴登大公的女儿维多利亚公主，才使得贝纳多特家族和以前的荷尔斯泰因–戈托普王朝有了真正的血缘联系。可以说，在北欧，王权的神圣性和独断性相对不那么受到重视，更多的时候，王位继承反映了当时的政治情势和现实考虑，血统的纯正并不是一个重要的问题。

此外，挪威，瑞典和丹麦的三国皇室内部联系紧密，彼此联姻，互为国王的情况时有发生。形成了三国历史上独特的共主和共治现象。两个甚至3个国家共享一位国王或者实行统一的军事或外交策略，这体现了北欧三国内部不可分割的有机联系。也说明北欧三国事实上并不符合西欧意义上的严格的民族国家的定义。

六、独特的共主、共治现象

以挪威为例。挪威在结束了古王国时代后，长期处于丹麦或瑞典的附属国地位。先是跟瑞典共主，然后是同丹麦共主，之后进入卡尔马联盟，然后长期成为丹麦的附庸，又转而与瑞典联合，直到1905年才实现真正的独立。而独立后的挪威，第一位君王哈康七世竟然是选举出来的一位“丹麦王子”。直到哈拉尔德五世登基，他才称得上是中世纪以来第一位出生于挪威并成长于挪威本土的君王。

与共主和共治相伴而生的现象就是同一位君王由于继承了不同国

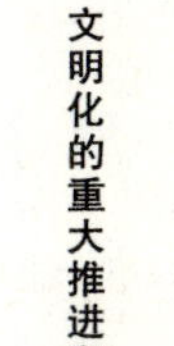

家的王位，从而在不同国家具有不同的封号。例如，卡尔马联盟时期挪威的汉斯国王就是瑞典的约翰国王，他稍晚继承丹麦王位后被称为约翰二世。挪威—瑞典共主时代，挪威的查尔斯二世在瑞典称卡尔十三世。所以他们在不同国家的历史书写上有不同的名号，但是却经历了相同的人生。为了避免混淆，本书按照他们在各个国家中的不同称号分章论述，涉及重合的史实则会特别交代。

独特的共主和共治现象反映了北欧皇室在历史中的复杂性，也预示着斯堪的纳维亚内部的某种联合倾向。卡尔马联盟以及随后的两国联盟显著表达了北欧人心中超越民族国家界限的区域性认同，也为后来欧洲一体化的发展奠定了思想基础和心理准备。

让我们兵分三路，从三国的历史中去探究北欧从分到合的漫长历程吧！

第三章

挪威皇室:古挪威王国时代

一、“美发王”哈拉尔德酋长

二、挪威的基督教化:好人哈康和圣奥拉夫国王

三、维京时代的动荡与哈拉尔德四世的统一

四、王室继承法的颁布:哈康四世的伟业

五、1276年法典与封建化的完成:马格努斯六世的成就

白色区域为今日的挪威,它位于斯堪的纳维亚半岛的西部沿海地区

挪威这个国名来自英语Norway一词的音译，在挪威语中，写作Norge,意为“北方之路”。在古代,北方日耳曼人的通商航线主要有3条:沿波罗的海往东,叫作东航线;沿北海西行,到达英伦三岛,叫作西航线;还有一条是沿着斯堪的纳维亚半岛向北,叫北航线,即“北方之路”。久而久之,航线沿岸的这块区域就被称为挪威。挪威有五分之二的领土在北极圈内,所幸的是,北大西洋暖流流经挪威沿海,因此,挪威要比同纬度的世界其他地区更为暖和，甚至在冬天港口也不会结冰。挪威又有“峡湾之国”的美誉,海岸线曲折。从北部的瓦朗厄尔湾到南部的奥斯陆湾,一个接一个的峡湾都是天然的良港。

早在一万年前,挪威这片土地上就有人类活动的遗迹。约五六千年前,奥斯陆湾附近的挪威先民就已经开始向耕作农业过渡。到了公元前2500年左右,挪威正式进入青铜时代。但在随后的1000年里,由于气候骤然变得寒冷和潮湿,挪威先民的文明化进程出现了明显的倒退,这种倒退一直持续到公元8世纪晚期才得以结束。在这段“沉睡期”中，挪威依次进入了铁器时代、移民时代和维京时代。

公元3世纪，北欧出现最早的古文字，这些字母来源于拉丁语，考古发现也证明了这一时期挪威与南欧存在一定的联系。其间大批日耳曼人的部落不断迁入，他们以氏族为单位经营农庄，从事农业生产。随着时间的推移，这些氏族农庄逐渐组成若干松散的小国，散居于奥斯陆峡湾周围、西南部海滨、西部沿海和挪威的北方。他们之间相互争夺土地，发动战争。

公元400—550年之间，欧洲大陆处于动荡阶段，大量移民继续涌入挪威。如同中国的春秋战国时代，这一时期各个部落纷纷建立防御体系，他们留下了诸多要塞遗址，直到今天仍可一窥当年的架势，它们似乎在讲述着当年纷争不断的称霸故事。

历史上的挪威推进并最终实现统一的时间从1030年一直延续到了1397年。其后直到近代，挪威都处于一种所谓的双重君主时期。在这一阶段的大部分时间里，挪威处于丹麦的统治下，剩下的一段时间则与瑞典结成了联盟。到1814年，挪威才有了本国的宪法，到1905年才有了自己完全独立的国王和国旗。第二次世界大战爆发后，1940年4月9日，挪威沦陷于德国的统治之下，到1945年5月8日才再获解放。可以说，挪威真正作为一个独立国家的时间还相对短暂，它的历史往往跟外部复杂的国际关系交织在一起。

一、“美发王”哈拉尔德酋长

直到13世纪，挪威才正式出现记录历史的较为完整的文字材料，斯诺里·斯图尔松（Snorre Sturluson）是最早书写挪威历史的人，但他不是挪威人，只是到过挪威两次。他根据各种传奇故事和口头传说整理创作了《挪威列王传》，系统记述了史前时代到1177年挪威的王国历史。可悲的是他的功绩并没有给他带来任何好处，1241年，他却被挪威国王处死了。按照他的记述，第一位统一挪威的君王是“美发王”哈拉尔德酋长。

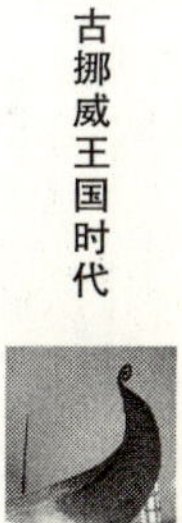

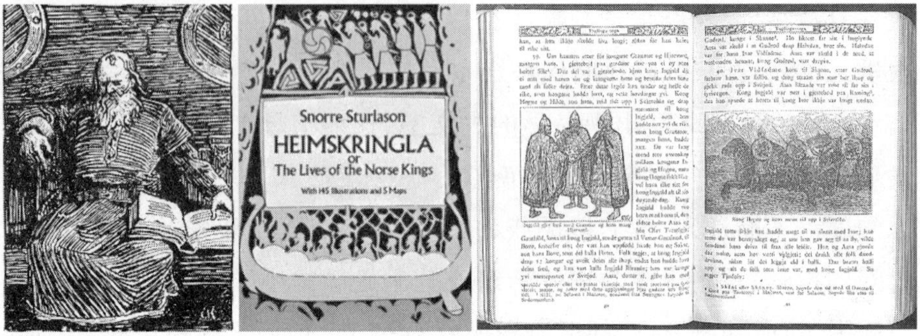

斯诺里·斯图尔松与他的《挪威列王传》

公元9世纪后期，在维京海盗对外扩张的鼎盛时期，“美发王”哈拉尔德酋长(Harald Fairhair，又做Harald Finehair，850—933年在世，872—930年在位)开始兼并战争。关于“美发王”的事迹，史料留存不多，后世对他的了解基本来自民间传说。据说，早年他继承了其父哈尔发德(Halfdan the Black Gudrodarson)的酋长职位，那时他的父王已经控制了一些零散的小王国，他的舅舅作为摄政也给予他很多协助。“美发王”哈

描绘“美发王”哈拉尔德酋长事迹的图书插画

拉尔德之所以下定决心要统一全挪威，还跟一个美丽的爱情传说有关。当年他向霍德兰国王埃里克(Eirik,King of Hordaland)的女儿盖达（Gyda，又称罗格海得，Ragnhild the Might)求婚，遭到了拒绝和蔑视。公主高傲地说："我怎么可能在一个小国家的统治者身上浪费自己的贞操呢！"她表示她是不会嫁给哈拉尔德的，除非他成为整个挪威的统治者！哈拉尔德并不生气，反倒说："你提醒了我这些事，我以前怎么没有想到呢，真是奇怪。"于是，他立下誓言，一定要成为挪威唯一的君王，在成为君王之前，他绝不剪发梳头，由此便获得了"美发王"的绰号。在随后的数年中，他的武装征服进展顺利，公元872年他成功控制了挪威的东南部、南部和西部地区，强迫占领地的居民向他纳贡，并把一部分征服的土地赠送给自己的亲属，以巩固内部人对他的效忠。他还曾西征苏格兰诸岛屿，清洗隐藏在那里的维京部落。公元885年左右，"美发王"哈拉尔德统一了挪威全境，成为挪威历史上第一位公认的国王，后世称他为哈拉尔德一世。

描绘"美发王"哈拉尔德酋长事迹的图书插画

在哈拉尔德一世统治后期，诸多儿子间的纷争成为困扰他的一个难题。在萨迦史诗的记载和不同版本的民间传说中，他的儿子有11到20个不等。其中12个儿子获得了国王的封号，两个儿子控制着王国的全境。哈拉尔德一世希望借助分封头衔和土地的策略，让儿子们成为王国政权在各个地方上的代理人。到了哈拉尔德一世统治末期，随着他的日渐衰老，才不得不将最高权力移交到最宠爱的一个儿子手里，这就是人称"血斧"的埃里克一世(Eirik Bloodaxe,930—934年在位)。埃里克一世辅佐80岁的老"美发王"统治了3年，直到他以83岁的高龄辞世后，才正式接班。

哈康一世时代，挪威宫廷纷争的画面

挪威国徽,上有圣奥拉夫的银斧

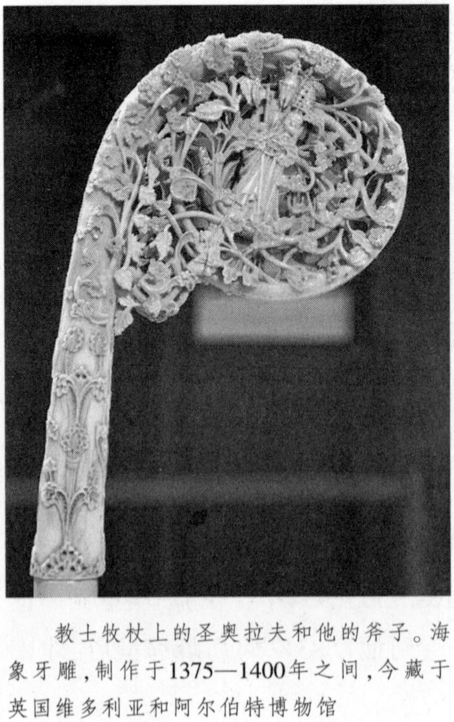

教士牧杖上的圣奥拉夫和他的斧子。海象牙雕,制作于1375—1400年之间,今藏于英国维多利亚和阿尔伯特博物馆

圣奥拉夫的雕像。据说奥拉夫去世后一年，人民重新发掘出他的尸体,惊奇地发现其完好无损,于是就在他的墓地上建立了一座大教堂,使得特隆赫姆城成为了中世纪挪威人的朝圣地

二、挪威的基督教化：好人哈康和圣奥拉夫国王

哈拉尔德一世的诸多儿子中，有很多人从事海盗活动，严格来讲，他们也属于维京海盗的一部分。其中有一个儿子哈康在海外征战过程中，从英格兰等地受到了基督教文化的深刻影响，而且还接受了洗礼。后来他继承了他的兄弟“血斧”埃里克一世的王位，被称为哈康一世(Haakon I Haraldson，934—961年在位)，又名“好人哈康”。他成为该国历史上第一位信奉基督教的国王。等到了公元955年，哈拉尔德的曾孙奥拉夫·特留格维逊(Olav Tryggyvason)，即奥拉夫一世(Olaf I Tryggvason，995—1000年在位）继位时，挪威在全境开始自上而下地推行基督教，此外还向冰岛和格陵兰岛派出了大批传教士。到了奥拉夫·哈拉尔德逊(Olav Haraldson)，即奥拉夫二世(Olaf II Haraldson，1015—1028年在位)时，教会组织在挪威各地普遍建立起来，各教区都建立了木质结构的教堂。国王封赐土地给教会，教会则支持国王不断地扩大版图。奥拉夫二世时代挪威的统治区域扩大了内地的山区和遥远的北方，进一步巩固了国家的疆域。由于在他执政期间，基督教成为了挪威的国教，这位国王后来被封为挪威“第一圣徒”、“挪威永恒的王”，也被称为“圣奥拉夫”。今日挪威国徽上就有他所使用的银斧以兹纪念。

三、维京时代的动荡与哈拉尔德四世的统一

维京海盗时代，丹麦、瑞典和挪威三国之间的关系非常紧密，不仅王室之间相互通婚，国家之间的界限也相对模糊。1028年，丹麦国王克努特(Canute)率领大军占领了挪威，使其成为“北海大帝国”的一部分。1035年大帝国瓦解后，北欧重新分裂为三个独立国家。挪威先后由马格努斯一世（Magnus，1035—1047年在位）和哈拉尔德·哈约达(Harald Hadrada，1046—1066年在位)统治。1048年哈约达建立了奥斯陆城，改变了以前挪威一直以特隆赫姆城为政治中心的传统。此后，他的儿子马格

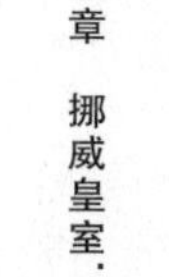

萨迦史诗中描绘哈拉尔德四世出行的插图

努斯与和平的奥拉夫(Olav the Peaceful)先后继位。由于当时的挪威一直没有为大家所公认的王位继承法，国王的所有儿子均有权继承王位,因此,挪威很快就陷入了争夺王位的动乱和分裂中。从海外回国的海盗们乘机不断侵扰挪威的沿海地区，但与此同时他们劫掠来的物品和贩运来的商品也为这一地区增加了可观的财富。为了争夺这些财富,挪威沿海地区重新形成了许多小的王国。随着时间推移,奥斯陆峡湾周围的小王国力量逐渐增强,他们之间为了争夺领土，再次爆发了将近一个世纪之久的内战。直到1130年哈拉尔德四世(Harald IV Magnusson,1130—1136年在位)登基之后,挪威才重新进入了一个相对和平的历史时期,在最后的近100年的时间里停止了大规模的战争。由此,有历史学家也认为到了这一时期挪威才算形成严格意义上的统一的王国。这一时期,挪威的人口大幅增长,城镇迅速发展,国王和教会的势力获得了显著的巩固,到了13世纪中叶,挪威已经基本上形成了统一的封建制度。但是在1227年,挪威再次爆发内战。

四、王室继承法的颁布:哈康四世的伟业

挪威“内战时期”,各个小国群雄逐鹿,竞相称霸。最后,哈康四世(HaakonⅣ,1217—1263年在位)重新统一了挪威。为了区别与他同名的儿子,哈康四世又被称为老哈康,他的在位时间比之前的任何一位挪威君主都要长,他在历史上的地位也是极为显赫的。

哈康四世在位期间建立了完整的封建等级制度，并在1260年颁布

了《王位继承法》。该法规规定，国王在世时有权决定自己的王位继承人，从而结束了国王由地方贵族组成的“庭”来推选的历史。此外，哈康四世还建立了协助国王管理政务的国务会议。在他励精图治的统治之下，中世纪的挪威开始进入鼎盛时期。挪威的统治范围扩展到了冰岛和格陵兰岛。1261年，哈康四世的手下控制了格陵兰，1262年冰岛成为挪威的附属国。国王的权力获得了巨大的加强和巩固，古老的世袭制贵族逐渐被国王委派的行政贵族所取代。挪威的农民也由自耕农逐渐沦为佃农，一般需要终生租赁土地维生。但是，尽管如此，挪威的农民一直享有人身自由，这在同一时期的欧洲是少见的。

哈康四世的封印。取自一封1247年或1248年的信件，这个封印据说是1236年英王亨利三世送给哈康的礼物

哈康四世还决定正式定都奥斯陆，进一步促进了这座北欧名城的发展。奥斯陆(Oslo)，原意是“林中空地”的意思，1048年(也有说是1050年)挪威国王哈拉尔德·哈德拉德在此建立起了一个小商业中心。因为城中多为木质房屋，又矮又小，后来的一场大火，将其付之一炬。奥斯陆的命运也几经起伏，经过不断地重建，不断地确认，最终成为挪威最为重要的城市。1350年，黑死病入侵挪威时，该城的人口不到2000人，而当时卑尔根和特隆赫姆城则分别达到了7000人和3000人。但是因为奥斯陆距离欧洲大陆更近，且位置独特，最终还是得到了挪威王室的青睐。这也反映了挪威“文明化”和“欧洲化”的历史进程。哈康四世为了吸收欧洲的文化，积极鼓励翻译欧洲的文学著作，并建立了欧式风格的石制纪念碑。在他在位期间，北方小国挪威在欧洲大陆获得了一定的地位。当时，罗马教廷和神圣罗马帝国存在矛盾，但是挪威在夹缝中求生存，与双方都交好，使得挪威获得了一段稳定发展的时间。

五、1276年法典与封建化的完成：马格努斯六世的成就

哈康四世的儿子马格努斯六世（Magnus Ⅵ，1238—1280年在世，1263—1280年在位）在1276年再次制定法典，重申了《王位继承法》，把世袭贵族的免税特权和农民对各级封建主的义务用法律形式固定下来。此部法典的制定与公布，标志着挪威封建化过程的完成。由此，马格努斯六世也被称为“修法者马格努斯”。

马格努斯六世的肖像

在对外政策上，马格努斯六世与他的父辈不同，他没有继续扩张主义的策略，而是通过《帕斯条约》与苏格兰修好，通过放弃部分海外领地为条件，换取苏格兰的大量白银和每年的贡赋。并使得苏格兰人承认了挪威对设得兰群岛和奥克尼群岛的控制。1269年，挪威通过《温彻斯特条约》加强了同英格兰国王亨利三世的关系。同时，通过与瑞典交好，两国的边界第一次获得了明确地划定。

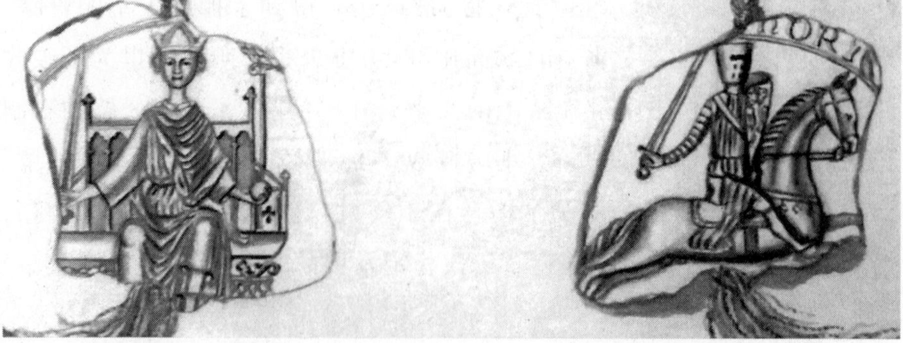

马格努斯六世的图章纹案

在内政方面，马格努斯六世最大的贡献在于他对制定法律的重视。他以全国性的统一的法律体系取代了地方法规。他还引进入了现代的犯罪概念，认为犯罪是对国家公益的侵犯，而非简单的私人恩怨，由此他杜绝了私人报复行为的发生。此外他指出国王权力的来源是“公正”，这在当时是非常先进和开明的理念。同时他通过市政法规给予城市更多的自由，从而不再受到乡村地方权贵的掌控。

在文化战略上，他继续了其父引进欧洲先进文化的政策，借鉴了欧洲的爵位和骑士称号，并用其分封挪威的群臣。在他的父亲去世之后，他还命令冰岛人斯诺里·斯图尔松书写他父亲的《萨迦》，后来，也授权斯诺里·斯图尔松写了他自己的《萨迦》，由此马格努斯六世成为中世纪《挪威列王传》中最后的一位君主。

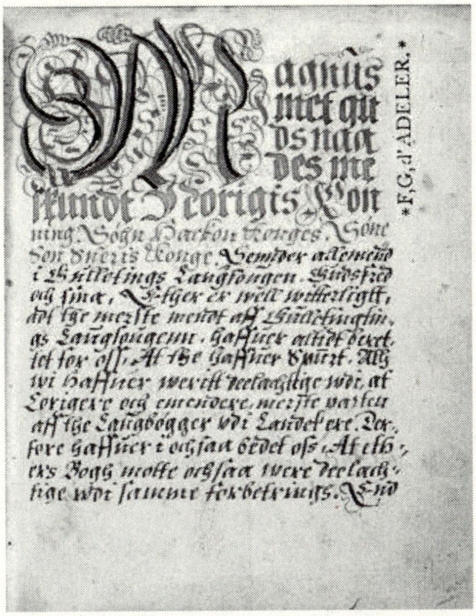

马格努斯六世时代的法律文书

马格努斯六世和他脚下的法律文书

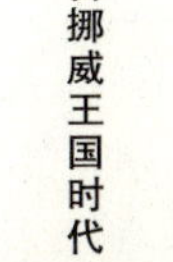

第四章
挪威皇室:共主和联合时代

一、挪威—瑞典共主时代(1319—1380年)

哈康五世和他的印章

13世纪的挪威面临汉萨同盟日益严峻的威胁，在北欧地区，挪威的相对势力正在下降。为了提高国家的地位，哈康五世(Haakon V Magnusson，1270—1319年在世，1299—1319年在位）国王决定与瑞典王室联姻。哈康五世是马格努斯六世的小儿子，而在他之前是他的兄长埃里克二世(Eric II Magnusson ，1280—1299年在位)执政。老国王马格努斯六世去世前，曾将埃里克封为“小王”，在父王的带领下参政。同时，后来的哈康五世被封为“挪威公爵”。老国王死后，“挪威公爵”事实上控制了挪威东部奥斯陆附近以及挪威西南部的诸多领土，并臣服于他的兄长埃里克二世。后来，埃里克辞世，并没有留下子嗣，所以挪威公爵正式登基，称哈康五世。哈康五世的妻子是丹麦的王室成员，他们唯一的婚生女儿嫁给了瑞典国王的弟弟埃里克·马格努松公爵 (Duke Eric Magnusson of Sweden)。他们的儿子，也就是哈康五世的外孙在1319年继承了哈康五世的王位，史称马格努斯七世(Magnus VII Eriksson，1319—1343年在挪威执政)。由于马格努斯七世也是瑞典的王位继承人 (1319—1364年在瑞典执政)，所以自此挪威和瑞典开始进入了共主时代。

马格努斯七世又被称为凯撒·马格努斯(Magnus the Caresser，挪威语Magnus Smek)，因为在他统治瑞典时，领土包括了芬兰；在他统治挪威时，领土包括了冰岛和格陵兰岛，同时他还在1332年到1360年间控制了斯堪尼亚(Scania)地区。1343年，马格努斯七世把挪威的王位让给了儿子哈康六世(Haakon VI Magnusson，1340—1380年在世，1343年—1380年在位)。哈康六世，在1343年到1380年之间统治挪威，在1362年到1364年之间统治瑞典。也就是说在14世纪的中间时段，挪威和瑞典由共同的君主统治。

二、挪威—丹麦共主时代(1380—1387年)

挪威的奥拉夫四世

哈康六世后来迎娶了丹麦国王瓦尔德马尔四世的女儿玛格丽特公主 (Margaret Valdemarsdotter,1353—1412年在世)。两者的联姻是一场政治交易,根据契约瓦尔德马尔和马格努斯两大家族得到进一步的联合,由此丹麦王室承诺将协助挪威王室镇压国内的叛乱,巩固挪威的统一。但是这场联姻最终也导致了挪威主权的丧失,挪威在内政和外交上日渐失去了独立的地位,开始沦为丹麦的附属国。1370年,挪威的哈康四世和丹麦公主玛格丽特的儿子奥拉夫出生, 奥拉夫在5岁时被丹麦国务会议选举为丹麦国王。1380年,挪威国王哈康四世去世后, 年仅10岁的奥拉夫继承了挪威王位,称奥拉夫四世 (Olaf IV Haakonsson,1380—1387年在位)。但是由于他年幼无知,实际的权力其实落入了母亲玛格丽特手中。在随后的近400年间,挪威一直对丹麦俯首帖耳。两国短暂的共主岁月只分享了一位君主。随着奥拉夫的早逝,母后玛格丽特惊人的政治才华得到进一步的发挥。两国共主时代很快就变成了三国共主。

三、卡尔马联盟时期(1397—1536年)

卡尔马联盟(Kalmar Union)是14世纪末到16世纪初,由丹麦、瑞典(包括部分芬兰)和挪威(包括冰岛和格陵兰岛)组成的斯堪的纳维亚共主的联邦。1397年6月17日,丹麦、瑞典和挪威的三国代表在瑞典南部、距离丹麦边境很近的一个堡垒中举行会议,并签订了《卡尔马条约》。条

卡尔马联盟所签署的条约

玛格丽特扶植波美拉尼亚的埃里克登基

卡尔马联盟时代，波美拉尼亚的埃里克的徽章

约规定3个王国共同拥戴一位君主，建立永久的联盟。同时，3个国家各自保持王国地位，内政也各自独立，地方的法律继续有效；只是在外交、军事和国防事务上，由共同推举的国王统摄大局。

卡尔马联盟的幕后推手就是丹麦公主、挪威王后玛格丽特。她10岁时就嫁给了挪威国王哈康六世为妻，他们的儿子奥拉夫在1376年继承了外祖父的丹麦王位，成分丹麦的奥拉夫三世（Oluf III，1376—1387年在位）。1380年继承了父亲哈康六世的王位，成为了挪威的奥拉夫四世。作为丹麦和挪威共主的奥拉夫年幼无知，母亲玛格丽特作为他的监护人长期执掌摄政实权。然而还没有等到奥拉夫得以成年并正式掌权，他就在1387年遗憾地早逝。丹麦议会不得不选举玛格丽特作为直接的摄政者，并让她收养了她姐姐的孙子，即波美拉尼亚一位王子的儿子，并给那个男孩儿改了一个北欧风格的名字埃里克。在玛格丽特的运作下，1389年埃里克顺利当上了挪威的君主。

与此同时，瑞典与梅克伦堡公国是共主的邦联，由阿尔伯特担任君主。但是阿尔伯特和贵族领袖存在争议。1388年，阿尔伯特的政敌联合起来推举了玛格丽特担任他们所控制的瑞典领土的摄政者。丹麦与瑞典联军联手击败了阿尔伯特的势力，并以阿尔伯特3年都未付清联军的军饷为名，强迫他退位。之后，玛格丽特在瑞典的地位得到了巩固。由此，她所扶植的埃里克也在1396年接管了丹麦和瑞典的王位。在此基础上，《卡尔马条约》应运而生。

由于丹麦势力较强，所以在三国联盟建立初期，基本上是丹麦势力处于主导地位。但是三国之间的内部矛盾从未止息过。由于瑞典的经济是面向欧洲大陆的，特别是向德意志地区出口铁矿石，构成了瑞典重要的经济支柱，所以瑞典人对丹麦人同德意志地区的石勒苏益格、荷尔施泰因、梅克伦堡以及波美拉尼亚的亲近非常敏感。在玛格丽特在世期间，她高超的怀柔技巧还可以控制住局面，但是到了后来，丹麦王室不断企图控制挪威和瑞典的内政事务，这导致了联盟离心力的出现。

为了打破汉萨同盟对波罗的海的贸易支配权，丹麦经过长期的战争，最终吞并了德意志地区的石勒苏益格和荷尔施泰因，丹麦奥尔登堡王朝的克里斯蒂安一世取得了这一地区的统治权。15世纪末，丹麦王室和瑞典王室矛盾激化，反联盟的冲突不断爆发。克里斯蒂安二世于1520年率兵攻占了被瑞典反对派控制的瑞典首都斯德哥尔摩，并且杀害了大批参与起义的瑞典贵族。1521年瑞典贵族古斯塔夫·瓦萨在达拉纳省重新招募了一支反抗丹麦的军队。1523年，古斯塔夫·瓦萨在汉萨同盟的协助下重新夺回斯德哥尔摩，丹麦军队战败，瑞典恢复独立。同一时期，挪威在阿尔夫桑(Knut Alvsson)的领导下也爆发了反抗丹麦统治的起义，但是最终丹麦成功镇压了挪威的起义。1523年，瑞典单方面退出

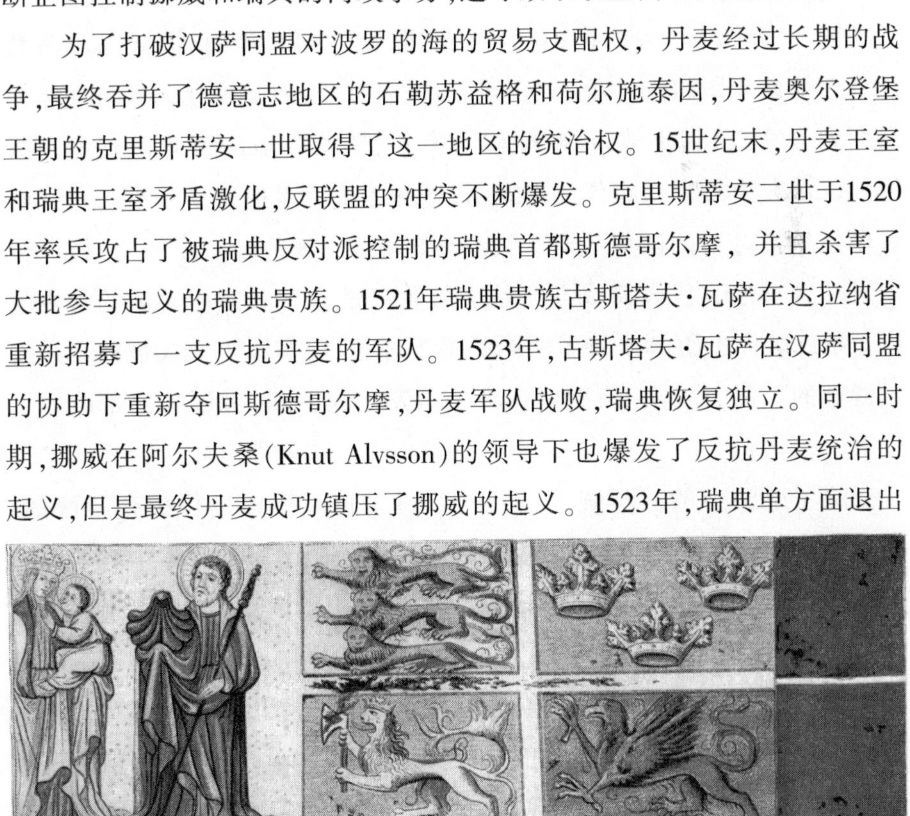

卡尔马联盟时代，衣服上的纹饰，体现了3个国家王权的联合

三国联盟，卡尔马联盟宣告破产。挪威及其海外领地继续以丹麦—挪威共主的名义由丹麦的奥尔登堡王朝管辖了多个世纪。可以说在整个卡尔马联盟中，挪威的声音最为微弱，它往往处于丹麦和瑞典争斗的夹缝中艰难地生存。

四、挪威—丹麦联合时期(1536—1814年)

1537年，丹麦国王克里斯蒂安三世宣布解散挪威国务会议，取消了挪威王国的称号，将挪威变成了丹麦的一个行省。这激怒了挪威人民。面对强大的反抗，丹麦不得不做出让步，在挪威设立了“副王”职位，由丹麦的国王派遣亲信担任，这样就把挪威的地位由行省重新提高到了附属国的位置。两国之间的这种关系一直持续到了1814年。

算上卡尔马联盟时期，在与丹麦“联合”的434年中，挪威在政治和经济上都处于附庸的地位。在卡尔马联盟时期，挪威议会无权过问诸如任命地方官、分封土地、征收赋税等事务，挪威各地的行政长官和高级僧侣也多数由丹麦人担任。1450年，丹麦国王克里斯蒂安一世胁迫挪威在卑尔根签订了两国结成永久性联盟的条约，该条约一式两份，居然全用丹麦文写成，代表挪威方面签字的竟也是几个居住在挪威的丹麦贵族。条约表面上继续维持了两国的平等地位，但实际上大大加深了丹麦对挪威的控制。事实上，挪威丧失了国家主权，连官方语言也都改成了丹麦语。

除了政治上的高压统治，经济上，丹麦也对挪威进行掠夺和搜刮。到了15世纪，已经有三分之二的挪威农民沦为佃户。丹麦国王将挪威的土地作为私有财产随意处置，不仅分封给丹麦贵族，还把它用来与其他国家交换利益。波美拉尼亚的埃里克担任两国国王期间，曾把挪威的奥克尼岛和设得兰岛抵押给苏格兰，用来换取6万名士兵作为其女儿玛格丽特与苏格兰国王詹姆斯三世结婚时的嫁妆。16世纪30年代，信奉新教的丹麦国王克里斯蒂安三世在挪威推行宗教改革，借机将挪威的教堂和寺院搜刮一空。这一时期，汉萨同盟也在挪威拥有强大的经济与贸易特权，在卑尔根建立了很多商站，垄断了挪威的对外贸易，由此挪威国内的经济日益停滞和衰退。

这一时期，丹麦还频繁发动对外战争，并不断将战争的负担和后果转嫁给挪威。16—17世纪，丹麦和瑞典为争夺波罗的海霸权展开了旷日持久的战争，挪威成为他们利益争夺的牺牲品。1564年，瑞典军队占领了挪威中部地区和特隆赫姆一带。1645年，丹麦在与瑞典的战争中失利，将挪威的耶姆特兰郡和海德尔海峡割让给瑞典；1658年，又将挪威的布胡斯兰郡割让给瑞典。1700年到1721年的北方战争中，瑞典失力，挪威又重新为丹麦所控制。在19世纪初期的拿破仑战争中，丹麦与法国结盟，瑞典加入了反法同盟。1813年拿破仑的军队在莱比锡战役中惨败，反法同盟迅速向丹麦展开攻势。1814年1月，丹麦国王弗雷德里克六世宣布投降。在随后签署的“和平协定”中，即1814年1月14日签订的《基尔和约》中，挪威作为“战利品”被割让给瑞典，由此挪威和丹麦的共主联邦关系解体。同年5月17日，挪威临时行政委员会在埃兹沃尔召开国民议会，制定了宪法，宣布挪威成为独立的君主国，推举丹麦王子、前驻挪威副王克里斯蒂安·弗雷德里克为挪威国王，实行君主立宪制。这一天被挪威人视为建立现代民族国家的起点，直到现在还是挪威的国庆日(亦称“宪法日”)。

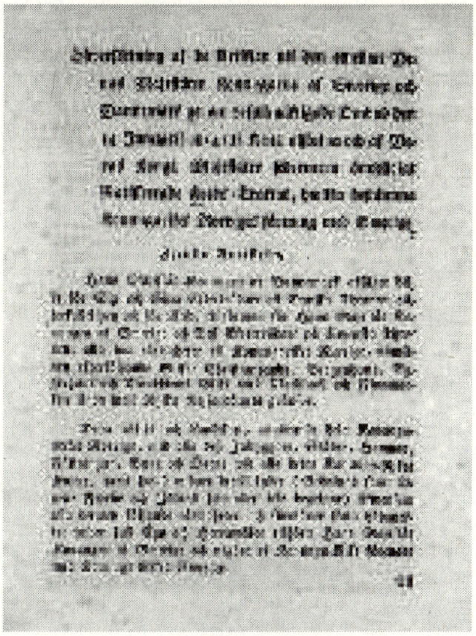

《基尔条约》原文

五、瑞典—挪威联合时期(1814—1905年)

为了镇压挪威的独立运动，1814年6月，瑞典王位继承人贝纳多特率领7万人的军队入侵挪威。挪威临时政府仓促组织了3万名武装人员

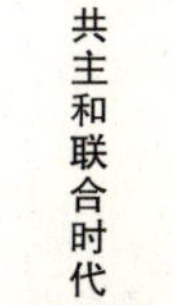

迎战瑞典大军，结果经过短暂抵抗，很快就以失败告终。一方面，挪威的财力无法支撑一场保卫战争；另一方面，英国和俄国的海军也封锁了挪威的海岸线。最终，挪威不得不屈服，签订《莫斯协定》。

根据协定：挪威方面宣布弗雷德里克国王退位，接受"瑞典—挪威联盟"；作为交换，瑞典承认挪威的议会（斯托庭）和宪法，允许挪威对内享有自治权。11月4日，挪威的斯托庭正式通过法令，确认了同瑞典的联盟关系。根据两国的协议，瑞典和挪威两国共有一个君主，但各自保留自己的法律、行政机构、法院和议会，各自保持独立的财政体系。挪威军队归瑞典国王指挥，政府人选由斯托庭推荐，瑞典国王任命，挪威政府对瑞典国王负责。挪威的外交权由瑞典代理，瑞典派一位总督常驻奥斯陆。

从政治上说，这种联盟关系与先前的挪威—丹麦联邦有很大不同：在和瑞典的联盟中，挪威在一定程度上获得了自主权，拥有本国的宪法、议会、政府和征税权。但是，这种地位与独立的民族国家仍然不可同日而语：挪威没有独立的军事权、外交权和最高政治决策权，也就是说它仍然处于附属国地位。

瑞典—挪威联盟成立后，挪威遭遇了前所未有的最为严重的经济萧条。这是因为挪威和丹麦的共同体市场解体，而英国也关闭了进口挪威木材的渠道，致使挪威的采矿业和伐木业失去了最重要的国外市场，挪威东南部许多原本富裕的中产阶级纷纷破产。这次经济危机既严重又漫长，使得挪威沦为欧洲最贫穷的国家。直到19世纪30年代，挪威的经济才开始复苏，工业化进程才开始启动。1854年，挪威在奥斯陆和埃兹福德之间修建了本国第一条铁路，同时还建立了电报线路。19世纪40年代，挪威建立了一些纺织厂和工程公司，工业化进程逐渐与欧洲其他国家实现同步发展。19世纪50—80年代，挪威的商船队迅速壮大，使航运业再度成为本国的支柱产业。

在经济发展的同时，挪威国内实现民主改革的呼声也日益高涨。在斯托庭中，负责行政事务的高级官吏与代表农民和激进分子的议员之间的对立逐渐升级，决策权逐渐从政府向议会转移。1884年，挪威的第一个政治党派自由党宣告成立，其政治对立面保守党也于数月后诞生。现代政党制度的建立，标志着挪威已经走上了政治现代化的道路。

挪威日益强烈的民族独立意愿在19世纪中叶以后，主要表现为：要求与瑞典在联盟中享有平等地位的主张。1827年，挪威议会向瑞典国王提出动议，要求给予挪威首相参与联盟外交决策的权力、允许挪威商船悬挂本国国旗的权益。瑞典方面开始不肯让步，坚持独揽联盟的外交事务，后来面对此起彼伏的挪威人的反抗，瑞典不得不做出妥协。1873年，在挪威斯托庭的强大压力下，瑞典国王奥斯卡二世同意废除总督职位。1882年开始，挪威政府直接对斯托庭负责，政治决策不再需要得到瑞典国王的批准。这些都使得挪威越发接近一个主权独立的国家。但在外交事务上，长期以来，瑞典一直拒绝让步。1884年，挪威自由党首次在大选中获胜，这一党派以改变挪威在联盟中的次等国地位、争取独立的外交权为基本施政纲领，向瑞典发动新一轮的冲击。1892年，挪威政府要求在海外建立独立的领事机构，瑞典再次坚决反对。1895年两国同时开始扩充军备，有剑拔弩张之势。最后，经过漫长的讨价还价，到了1904年瑞典最终同意了挪威在海外设立领事机构的要求，但是依然要求领事机构从属于瑞典的外交部，挪威政府再次愤怒了。双方陷入泥淖式的僵局。

这一时期，共有5位瑞典—挪威共主的君王统治挪威，他们分别是：卡尔十三世(挪威称卡尔二世，1814—1818年在位)、卡尔十四世(挪威称卡尔三世，1818—1844年在位)、奥斯卡一世(1844—1859年在位)、卡尔十五世(挪威称卡尔四世，1859—1872年在位)、奥斯卡二世(1872—1905年在位)。这一时期，并不存在独立的挪威王室一说，因为挪威的皇权其实只是瑞典皇权的一部分。

当然，这一时期也是“挪威浪漫主义的民族主义”崛起的时代，挪威人民试图寻找自身独特的民族认同感。这一运动横跨文学、美术、音乐、语言政策等多个领域。并最终确立了通行至今的两种挪威的官方语言：波克默尔语和新挪威语。前者主要是由丹麦文演变而来，又称丹麦式挪语，目前通行于80%的人口中；后者是从丹麦统治时的旧挪威语演变而

来,包涵了很多日常方言,具有草根性。第二次世界大战之后,受到城市化进程的推动,波克默尔语成为主流。但是两种语言的确立和标准化是在瑞典—挪威联合时期确定的。

瑞典—挪威共主时代的第二位君主卡尔十四世，即原来的法国元帅贝纳多特,他是瑞典贝纳多特王朝的开拓者,是位开明的君主。他从1818年到1844年统治挪威，在此期间他将欧洲大陆的先进文化引入挪威,积极鼓励文化的繁荣和思想的活跃。他被视为一位社会和政治生活的改革者。奥斯卡一世在位期间,挪威妇女于1854年获得了同男性平等继承财产的权力。卡尔十五世在世期间,挪威的未婚妇女不再在社会地位上受到打压和歧视,进而妇女进入公立学校任教也成为可能。挪威的传统社会正在开始松动,现代化的进程即将启动。虽然这一时期,挪威还没有产生独立且强大的资产阶级来对抗贵族对政治的垄断,但是,改革派的思想和乌托邦社会主义的思潮都有力冲击了旧有的社会结构。这一时期的挪威君王——也就是瑞典贝纳多特王朝的几位统治者——有意无意地推动了挪威的现代化转型。

第五章
挪威皇室：独立的现代国家

一、挪威的完全独立与“丹麦王子”哈康七世

二、身世离奇的奥拉夫五世

三、“本土王子”哈拉尔德五世

四、宋雅王后和叛逆的哈康王储

一、挪威的完全独立与“丹麦王子”哈康七世

1905年5月27日，瑞典国王奥斯卡二世，最终否决了挪威政府要求建立独立于瑞典外交部的挪威领馆的请求。6月7日，挪威米切尔森政府宣布辞职。根据两国以前达成的协议，瑞典国王只能通过挪威政府行使权力。挪威议会因此提出，挪威政府的辞职意味着瑞典国王已经停止行使挪威王权，并要求就此结束挪威和瑞典在统一君主制下的联邦关系。在巨大的国际压力下，瑞典政府同意两国就联邦解体的条件进行谈判，但要求挪威先就独立问题进行全民公决。8月13日，挪威举行全民公决，赞成结束联邦关系的票数达368392张，而投否决票的只有184张。8月31日，挪威和瑞典两国代表在瑞典的卡尔斯塔开始就联邦解体的具体细节进行谈判。9月23日，《卡尔斯塔协定》出炉，宣布废除“瑞典—挪威联盟法”，联盟和平解体，两国分治。10月16日，瑞典议会投票承认挪威独立，10月26日，双方举行了正式的协定签订仪式，挪威获得了完全的独立。

独立后，挪威迅速就新国家的政体进行了讨论，并在11月12—13日展开新一轮的全民公决，以决定挪威今后是走君主制还是共和制。最后，绝大多数投票者(近79%的投票者)赞成继续实行君主立宪制。挪威议会决定由丹麦国王弗雷德里克八世的次子、卡尔王子担任挪威国王。卡尔王子一家在11月25日抵达奥斯陆，11月27日正式登基，号称哈康七世（Haakon Ⅶ，1872—1957年在世，1905—1957年在位）。自此，主权独立的挪威王国产生。由此，挪威又被称为“古老的民族，年轻的国家”。

近代以来，挪威第一位独立的君主，哈康七世及其徽章

挪威建立现代民族国家的伟业得以完成，主要有赖于3个方面的有利因素。

哈康七世与莫得王后

第一，挪威人民争取民族独立的呼声得到了欧洲大陆人民的广泛支持。瑞典的普通民众也曾对挪威人民表达过同情。1905年夏天，斯德哥尔摩的两万多名工人举行游行示威，声援了挪威的独立运动。挪威政府在没有独立外交使团的情况下，通过组建新闻委员会，积极传播了挪威寻求民族独立的立场和诉求。挪威著名的极地探险家和政治活动家南森同瑞典知名探险家斯文·赫定在《泰晤士报》上就两国的立场展开大辩论，旨在争取国际舆论对挪威的支持。

第二，挪威和瑞典联邦内部本身就存在一定的离心力。在多个社会领域中挪威存在着自治的倾向，虽然联邦建立初期是为了实施共同防御，但是两国却一直没有建立起血肉相连的共同的军队。两国没有边界和领土争端，没有经济利益上的冲突，却分享着广泛的语言、文化和宗教上的共同性。事实上，除了控制挪威的外交事务，瑞典并没有向挪威动武的真正动力。这也是最终两国决定通过心平气和的谈判来处理解体问题的重要原因。

哈康七世夫妇与其子奥拉夫王子

第三，从国际大环境上看，当时的欧洲列强正忙于争夺海外殖民地，并试图维持各方势力的“均势状态”。他们无暇卷入一场斯堪的纳维亚的内战，保持北欧政权的稳定是一种“上策”。同时，各国都希望挪威继续保持君

主制而非共和制。因此，英国曾向瑞典施加压力，俄国和法国驻斯德哥尔摩的公使也呼吁瑞典政府接受国际仲裁，以维护欧洲内部的和平大局为重。可以说，良好的外部支持，确保了和平解体的实现。

哈康七世生于丹麦哥本哈根附近的夏洛滕隆宫，他的外祖父是曾经统治挪威的卡尔四世，即瑞典的卡尔十五世国王。哈康七世早年曾受过系统的海军训练。1896年，他迎娶了英国国王爱德华七世的小女儿威尔士的莫得公主（Princess Maud of Wales）。1903年他们的儿子奥拉夫(Crown Prince Olav)出生。1905年入主挪威后，奥拉夫也被立为挪威的王储。哈康七世在挪威在位52年，历经了第一次世界大战和第二次世界大战。哈康七世一家热爱挪威的传统运动项目——滑雪，他们常常举家深入挪威乡间，微服私访。由于他的亲民形象以及对纳粹的不合作态度，哈康七世赢得了挪威人民的尊重和爱戴。

1905年独立后重新上台的挪威米切尔森政府奉行中立的外交政策，认为挪威应该避免与任何可能陷入战争的国家结成联盟。挪威著名作家约斯特伦·布约森曾戏称：“挪威的外交政策就是没有外交政策。”这很好地描述了挪威在国际舞台上不偏不倚的立场。这一政策在“一战”期间也得到了很好贯彻，哈康七世也谨慎地支持并践行了这一政策。

两次世界大战中间，挪威的政局发生了一定的变动。1918年大选期间，自由党失去了议会中的多数席位，直到第二次世界大战结束为止，挪威议会中都没有一个政党能够组成一党政府。1928年工党曾经单独组阁，但这个内阁只维持了19天，就被非社会主义的多党联合政府取代。哈康七世曾对工党表达过亲近，他在1927年曾说：“我也是共产主义者的国王！”并在1928年工党组阁时参与其中。

20世纪30年代，战争的威胁已经迫在眉睫，但挪威政坛上就军备问题的辩论一直无法达成共识。社会党人强烈反对为军队增加开支，这种观点也部分地得到自由党人的支持。1936年，工党在农民党的支持下重新上台执政，约翰·纽高斯伏尔担任首相。政府对防务的拨款有所增加，但已经来不及对挪威的军事实力进行实质性的强化。1939年，第二次世界大战爆发时，挪威再度宣布独立。纳粹德国在1940年4月8日突然袭击了宣布中立的挪威。虽然挪威军队在英法联军帮助下奋起抵抗,但终因实力悬殊,在6月底承认全境沦陷。挪威王室和主要的政府首脑流亡英国。当德国控制下的挪威议会要求哈康六世退位时,他严词拒绝,并在国外坚持鼓舞和领导挪威人民的抗德斗争。挪威的商船在第二次世界大战期间积极配合盟军展开物资运送活动,挪威的军队也在英国组织了挪威旅和空军中队,参与到了大西洋海战以及英国和欧洲大陆的空战中。1945年5月德军投降,6月7日,哈康七世乘坐英国军舰重新回到奥斯陆,宣布挪威光复。由于德军撤退时采取了“焦土政策”,加之战争后期的大规模空袭,造成挪威的许多城镇受损严重,战后重建成为了挪威的重要议题。

1945年挪威皇室一家人在回奥斯陆的船上向欢迎他们的民众招手

1945年由艾纳尔·基哈德森领导的工党在战后的首次大选中获胜,工党开始单独执政直到1963年。挪威接受了马歇尔计划的援助,哈康七世也积极开展同北约、欧洲共同体的合作和沟通,挪威先后成为了北大西洋公约组织、欧洲委员会、北欧理事会和欧洲自由贸易联盟成员国。1954年10月5日挪威还与新中国建立外交关系。1957年,哈康七世以85岁高龄在奥斯陆辞世,他的儿子奥拉夫继承王位,称奥拉夫五世(Olav Ⅴ,1903—1991年在世,1957—1991年在位)。挪威议会和政党政治的繁荣极大冲击了皇室的权力,也表明挪威君主立宪制度在贯彻力度上的彻底性。国王更多的是辅助政府参与一些礼节性的外事活动。

可以说,作为“丹麦王子”的哈康七世用其一生见证了现代挪威的成长，他的家庭及其子孙也经过两次战争的浩劫，与挪威人民建立了休戚与共的联系，实现了“挪威化”的转变。哈康七世被尊为现代挪威最伟大的国王。

二、身世离奇的奥拉夫五世

奥拉夫五世及其徽章

奥拉夫五世出生于英国，早年曾进入军校学习并在牛津大学巴里奥学院攻读政治和经济学。他在青年时代是位杰出的运动员，曾在1928年的阿姆斯特丹夏季奥运会上夺得一枚帆船比赛的金牌。1929年他迎娶了瑞典公主玛塔为妻，随后育有一子两女：哈拉尔德王子、拉格茜公主和阿斯特丽公主，两位公主后来都分别与平民联姻。纳粹德国入侵挪威后，他曾随父流亡英国，并积极开展救亡活动。他的妻儿则住在华盛顿，与美国总统富兰克林·罗斯福一家保持良好的友谊。1944年7月到1945年7月间，奥拉夫曾担任抗德的挪威军队总司令。战后登基后的奥拉夫五世因其善解人意的亲民形象，在挪威民众中具有良好的口碑，被称为“人民的国王”。在20世纪70年代的石油危机中，年迈的奥拉夫五世身体力行，乘坐公共交通出行，鼓舞了挪威人民抗击危机的信心。在2005年的一项民意调查中，他还被评为“挪威的世纪伟人”。

2004年，挪威作家托尔·伯曼·拉森在一本名为《人民》的传记中，对奥拉夫五世的血统表示了质疑。托尔·伯曼·拉森怀疑奥拉夫五世很有可能不是哈康七世的血脉，而是莫得王后和王室医生的孩子。他的理由是哈康七世和莫得王后在1896年结婚后，多年无子。奥拉夫五世在1903年7月出生，向前推算受孕期，那时莫得王后正在英国秘密住院疗养，而哈康七世则在丹麦的海军舰艇上。两人在此期间至多只见过一次面。此外，奥拉夫五世的确与他的父王哈康七世在相貌上差异显著，却巧合地与英国贵族弗朗西斯·拉克英爵士的后人惊人的相似。而英国的拉克英爵士正是莫得王后的私人医生。所以拉森揣测莫得王后在英国住院期间曾接受了秘密的人工受精，精子来自弗朗西斯·拉克英爵士或他的儿子居伊·拉克英，挪威王室希望借此能掩盖哈康七世没有生育能力的事实。如果果真如此的话，那么当今的挪威王室事实上是完全的英国血统，那么王室的合法性就会受到质疑。但是碍于奥拉夫五世在挪威民众中的声望，大多数挪威人并不在意这种揣测。现任的国王哈拉尔德五世也发表声明，说他支持作家发表历史观点的权利，但是他无法对此做出判断。只能说这种揣测不具有现实意义，因为在法律和社会意义上讲，奥拉夫五世因其在位期间的出色表现已经在心理上被挪威人民认可为贤良的君主，他的生理血统已不再有显著的政治意义。

三、“本土王子”哈拉尔德五世

哈拉尔德五世(Harald V，1937至今在世，1991年至今在位)国王是中世纪以来第一位生于挪威本土并成长于挪威本土的君王。他于1939年2月21日出生在奥斯陆附近的斯考古姆乡村别宫，是奥拉夫五世和玛塔王太子妃的独生子，上面有两个姐姐。在第二次世界大战期间他曾短暂流亡国外。回国后进入挪威的骑兵军官训练学院受训，并于1959年毕业于挪威军事学院。他在服完兵役后，去英国求学，于

挪威第一位本土国王哈拉尔德五世及其徽章

1960年到1962年在牛津大学巴里奥学院攻读社会学、历史学和经济学。1977年被授予陆海军上将头衔。1968年8月29日他与祖籍温德伦的宋雅·哈拉尔森小姐结婚。由于宋雅是平民出身，这对伉俪为了获得结婚批准等待了9年之久。奥拉夫五世老国王在议会主席团、议会领袖和政府之间多方磋商，最终同意了他们的婚事。

1991年哈拉尔德即位时，挪威事实上已经完成了“虚君共和”的转变，国王缺乏实际权力，国王的所有权力必须经过首相的副署才能生效。目前，挪威国王的年俸是150万美元，另外可领取190万美元用于支付两座宫殿和一座夏季别墅的维修费用。哈拉尔德五世酷爱室外体育活动，擅长滑雪和帆船运动，曾多次代表挪威参加奥运会帆船比赛，并取得过第八名的成绩。他的座右铭是“一切为了挪威”，他为了挪威的商品出口，尤其是航运业，做了很多工作，是一位名副其实的“挪威企业大使”，也是出色的航海者。他曾于1985年和1997年两次访华。

四、宋雅王后和叛逆的哈康王储

平民出身的宋雅王后

宋雅王后1937年7月4日出生在奥斯陆的一个制衣商人家庭。1954年中学毕业后，她开始学习制衣和裁缝专业，后来前往瑞士洛桑的青年女子职业学院学习。返回挪威后，她又进入奥斯陆大学取得了法语、英语和艺术史的学士学位。1959年，宋雅和哈拉尔德相逢于一个朋友的聚会上，当时她的父亲刚刚去世，那个聚会是她第一次外出参加娱乐活动，而那时哈拉尔德也刚从军事学院毕业。两人相识后开始约会，宋雅也成为挪威人议论的焦点。面对多方压力，这段感情曾数次中断，直到9年后，随着欧洲王室

哈康王储和他的“单身母亲”王妃

日渐平民化，有了与平民通婚的先例，外加当事人双方的决心和坚持，他们的婚姻才博得了挪威各界的最终认可。

1973年7月20日，他们的第二个孩子，也是唯一的男孩哈康出生。虽然之前他们的第一个孩子玛塔·路易斯公主早在两年前就出生了，但是当时的挪威还只允许男性继承王位。哈康王子的命名仪式于1973年9月20日在王宫教堂举行，他的教父母包括斯堪的纳维亚的3位君主：挪威奥拉夫五世国王、瑞典卡尔·古斯塔夫十六世国王和丹麦玛格丽特二世女王。1991年随着哈拉尔德五世登基，哈康王子被立为王储。2001年他与平民女子梅特·玛丽

哈康王储与挪威儿童在一起

特·特赛姆·霍伊比小姐结婚更是引发巨大的争议。梅特不仅曾从事过夜总会女招待的工作,还曾与一名瘾君子育有一个私生子。哈康王子坚持迎娶单身母亲的决定表现了他叛逆的个性。但是他们的婚礼最终还是博得了挪威人民的承认。大主教告诉新娘:从今往后,她将以没有任何不良记录的状态开始新生活。主教还对一对新人大加勉励:“你们没有为了向世俗低头而选择最容易的路走。那些有着王家血统的人生来就知道他们的命运将是什么样的,但只有爱可以把责任转变成天赐礼物。”哈康王储的婚姻标志着一个贵族时代的终结,也标志者挪威皇室彻底完成了平民化的转变。

哈康王储夫妇与挪威民众在一起

第六章

瑞典皇室:中古时代早期的诸王朝

白色区域为北欧最大的国家瑞典

瑞典位于斯堪的纳维亚半岛的东部,东北部与芬兰接壤,西部和西北部与挪威为邻,东濒波罗的海和卡特加特海峡,西南临北海,南与丹麦隔海相望。是北欧领土面积最大的国家。公元前1.1万年,现在的瑞典还被厚厚的冰川覆盖。公元前8000年到前6000年间,瑞典中南部地区才开始出现较多的人类活动,当时的居民主要以渔猎为生,使用简单的石器。约公元前1800年到前500年左右,瑞典进入青铜时代。其最为典型的青铜制品为兵器和宗教仪式用品。公元前500年到前400年,瑞典进入铁器时代,生产力获得进一步的发展。公元后400年到550年开始的“大迁入时代”,使得瑞典地区的居民在数量上得到显著的提高,直到公元550年到800年间的“温代尔时代”,瑞典居民才开始放弃游牧式的迁徙,定居农业成为主要的生活和生产方式。瑞典历史上的“温代尔时代”,因在今天的乌普兰地区的温代尔教堂附近发现大量豪华船型古墓而得名。出土的这一时期的陪葬品反映了瑞典社会生产的进步,以及与外部世界进行贸易交流的情况。可以说这一时期,瑞典境内并不存在统一的国家,多数部落散居其间,彼此之间存在一定的贸易交换。直到公元1000年后,这种部落间相对隔绝和独立的状态才得到显著的改变。而海盗活动和基督教的传人成为了两个最主要的触因。海盗活动促进了各个部落间的兼并和联合,而基督教的传播催生了不同地区的文化认同和精神共识。瑞典王国的形成,正是在这样的背景下缓慢前行的。

一、大斯维克尔的统治

大约公元1100年之前，今天的瑞典地区还是由一些各自为政的邦国构成，虽然一个名为奥洛夫·舍特科农(Olof Skotkonung,995—1022年在位)的人曾被视为“全瑞典的国王”,但他是否真正实现过强有力的统治,还缺乏史料的考证。可以说早期的“乌普萨拉王朝”和“斯藤克尔王朝”在很大程度上都是地方性的政权。直到“斯维克尔王朝”时期,在今天的瑞典地区才形成相对统一、强大的王国。斯藤克尔王朝末期的君主小英格(Inge The Young)去世后,由于无子嗣,本想找他的女系外孙、丹麦王子马格努斯·尼尔森(Magnus Nielsen)继位,但后者在1134年的一场战役中暴卒,最后不得已才由大斯维克尔(Sverker the Elder)继承。大斯维克尔其实是来自西哥得兰的一个地方权贵,当时已经与小英格的遗孀结婚。他在位的20余年（约1135—1156年）在一定程度上结束了瑞典地区内部的分裂状态,形成了一个相对统一的政权。但是1156年的圣诞节那天,他却遭到敌对派系的暗算。在此之前,另一个统治集团埃里克家族(Eriks)的势力也日渐崛起。由此,伴随着大斯维克尔的遇刺,两大家族的王位争夺拉开序幕,这场争斗延续了近100年,从1160年到1250年间,斯维克尔家族和埃里克家族轮流当政,形成一种独特的政治形态。根据两大家族势力的此消彼长,瑞典国王由来自两个家族的成员轮番担任。

大斯维克尔的雕塑

二、圣徒埃里克国王

1156年通过投票表决，贵族们选出了“圣埃里克”来担任瑞典国王，史称埃里克九世·亚瓦尔德松（Erik IX Jevardsson，1120—1160年在世，1156—1160年在位）。他虽然在位时间不长，只有4年多的时间，但却是首位被主教膏立的瑞典国王，也是一位对瑞典影响深远的君主。他的主要功绩在于通过宗教和政治上的统一，使得瑞典作为一个国家获得了更坚实的凝聚力。由此，在历史上他被视作是瑞典的“守护神”，直到今天斯德哥尔摩市政府的官印和市徽上仍刻有他的头像。

瑞典国旗，蓝色底子上陪金黄色的十字

斯德哥尔摩市的徽章以及斯德哥尔摩人的袖章上都有圣埃里克的形象，以纪念这位伟大的君王

相传，瑞典国旗的雏形也与他的一个梦有关。1157年瑞典军队即将远征芬兰，临行前圣埃里克向上天祷告，祈求一切顺利。这时他忽见蓝天中金色的阳光呈现出了十字形的光芒，他惊为异象，视为吉兆，就在蓝色的底子上画了金色的十字作为出征的战旗。后来，这一旗帜经过漫长的演化，最终在16世纪被确定为瑞典的国旗，沿用至今。

在圣埃里克上台之初，瑞典仍是一个基督教与各种地方宗教混合的国家，特别是以当时的首都乌普萨拉（Uppsala）为中心，各种宗教势力竞相角逐。圣埃里克登基后，积极支持基督教的传播，在他在位期间，乌普萨拉主教席晋升为大主教席，加强了同罗马教廷的联系（需要特别说明的是，这里所说的基督教是指广义的基督教，事实上是指欧洲16世纪宗教改革之前的教会。宗教改革后，基督教新教的各个支派从罗马天主教系统中分离出来。整体上讲北欧三国后来都属于新教国家。现今的瑞典以基督教路德宗为国教）。这种宗教上的皈依也反映在教堂的建筑上，除极少数地区外，瑞典的南部和中部各省纷纷以石材而非传统的木材来建造教堂，在设计风格上也开始向欧洲大陆的天主教建筑靠拢。芬兰的主教亨利，也在圣埃里克的帮助下，推动了整个芬兰地区的信仰转化。在随后的一个世纪中，芬兰在土尔库也获得了一个大主教席位。但不幸的是，这位虔诚的国王圣埃里克在乌普萨拉做弥撒的时候，却被心存不满的丹麦王子马格努斯·亨里克森(Magnus Henriksen)刺杀。虽然刺客并非异教徒，但是鉴于圣埃里克生前的功绩，罗马教廷还是追封他为圣人，视其为殉道者。

乌普萨拉天主教堂中珍藏的圣埃里克的骨灰盒

瑞典斯德哥尔摩圣埃里克主教教堂内景

在这个夏日短暂、冬季漫长的国度，阳光是一种至关重要的资源。瑞典很多落后地区的农民，信仰基督教的出发点也是朴素且实用的。他们认为宗教信仰可以替他们祈求丰收，所以他们把光神弗雷(Freyr)、耶稣基督和圣埃里克国王的画像混为一谈，一同悬挂。无疑在他们心中，圣埃里克是要较另外两个虚无缥缈的偶像更为亲切可感的人物，因为他真正的活过。这也就理解了为什么圣埃里克在瑞典的备受推崇了，因为他在很大程度上是一个道成肉身的现世基督。

三、两家族轮流执政

在圣埃里克逝世之后，一位实力强大的外族权贵卡尔·斯维克森

克努特一世肖像

小斯维克尔时代的钱币纹案

(Carl Sverkersson，1160—1167年在位)掌握了政权，但是他也仅在位7年，就于1167年被圣埃里克的儿子克努特·埃里克松(Knut Eriksson)杀害，这也算得上是一部“王子复仇记”，统治权最终位归原主。克努特·埃里克松，又称克努特一世(Knut I)，执政时间从1167年一直延续到1196年，历时近30年，期间瑞典形成了一个相对稳定的时期。但是克努特·埃里克森自然死亡之后，政权又再次落入敌对家族手中，由小斯维克尔(Sverker the Younger，1196—1208年在位)掌权。小斯维克尔没有子嗣，两个家族再次展开争夺，丹麦和挪威支持斯维克尔家族，而圣埃里克的世系则希望能夺回最高权力。1208—1210年双方在西得兰展开了一场关键的战役，终决胜负，埃里克家族获胜。埃里克·克努特松(Erik Knutsson)即位，史称埃里克十世(1208—1216年在位)。但是他在1216年就去世了，当时只留下了一个遗腹子，还无法即位，只好再度由敌对家族的约翰·斯维克森(Johan Sverkersson)掌权，但是他死后同样没有子嗣，政权再次回到年轻的埃里克·埃里克松(Erik Eriksson)手中，他被称为埃里克十一世(1222—1229年和1234—1250年在位)。虽然他在位时间较长，约27年，但是在13世纪20年代末，克努特·朗格(Knut Lange)领导的叛乱曾迫使他不得不出逃丹麦，直到朗格死后，他才得以回国再次复位。所以他对瑞典的统治中途曾中断过数年。

四、福尔孔/富尔坤加王朝的开始

也许是受到命运的诅咒，历经千险保住王位的埃里克十一世，依然没有子嗣，政权不得不日渐被一小撮势力强大的瑞典伯爵控制，埃里克十一世也成为了埃里克家族的最后一位君主。在埃里克十一世死后，他年幼的外甥被立为国王，史称瓦尔德马尔·比格尔松(Valdemar Birgersson，1250—1275年在位)。他在位近25年，但是其中一半以上的时间由其父亲比格尔·雅尔(Birger Jarl)摄政(约从1250年直到1266年他去世为止)。因而，这一时期瑞典的王朝也被称为比格尔王朝。

比格尔·雅尔肖像

这一家族还有一位知名的异教徒祖先名为Folke Filbyter，为了纪念他，这一王朝也被称为福尔孔/福尔坤加王朝。所幸的是，之后的统治权主要在新王朝内部进行争夺，而不再是两个家族之间的轮流掌权。

在比格尔·雅尔摄政期间，他进一步强化了国家权力，并完成了许多重大的社会与和经济改革，包括废除火刑等司法酷刑，减少农奴数量等措施。同时他也领导了第二次瑞典人的十字军东征，确立了瑞典对芬兰的统治，1257年芬兰正式划归入瑞典版图。

在斯德哥尔摩的比格尔·雅尔雕塑

市政厅里的衣冠冢

期间,这一王朝开始加大对斯德哥尔摩地区的开发,由此,比格尔·雅尔也被视为斯德哥尔摩的奠基者。“Stockholm”这个词,前一半“stock”是“原木”的意思,后面的“holm”是“小岛”的意思,相传在13世纪,梅拉伦湖北岸的一个部落受到海盗的洗劫,他们忧伤万分,决定另辟家园。他们相信宿命论,就把一根大圆木抛入水中,任其漂流,圆木停在哪里,就迁居到哪里。后来圆木停靠在了一个小岛上,于是他们就定居于此。1252年比格尔·雅尔在一封信中首次将Stockholm作为一个地名来使用,由此,这一年也被视为斯德哥尔摩城诞生的时间。由于这座城市地理位置优越,扼守梅拉伦湖和波罗的海的出口,逐渐成为商贸中心,到了1634年,被最终确立为瑞典的首都。

虽然比格尔·雅尔并未正式登基,但是他一直被视为福尔孔/福尔坤加王朝的开创者。

五、“粮仓之锁”:马格努斯三世

随着福尔孔王朝中央集权的加大,特别是国王对司法制度控制的加强，很多旧有地方贵族日益感受到了皇权的压力，地方贵族与国王之间的紧张关系开始浮现。比格尔·雅尔逝世后，公开叛乱出现，瓦尔德马尔·比格尔松被迫退位。丹麦人也掺和进来，拥立了瓦尔德马尔的兄弟马格努斯为王，世称马格努斯三世(Magnus III，1275—1290年在位)。马格努斯三世最大的贡献在于通过法律的形式确立了瑞典的封建等级制度。

1280年他颁布《阿尔斯诺法令》，确立了贵族阶层的社会地位和封建式的社会组织。同时，为了寻求教会对其统治权力的支持，他也确认了一些教会的特权。之后，由上层贵族和教会代表组成的参政会宣告成立，成为辅佐国王的重要机构。在这一法令的框架下，国王、贵族、市民和农民各得其所，发挥着各自的社会职能，也在一定程度上达成了各阶层的妥协和联合。这一法令，也在一定程度上惠及了瑞典广大的自耕农阶层，该法令规定自耕农可以拒绝向游走的贵族和教士提供持续的供养。所以当时的口号是："农民们，看紧你们的谷仓！"由此这位国王也号称瑞典的"粮仓之锁"。

马格努斯三世的石刻头像以及他的纪念陵墓

六、马格努斯·埃里克松与瑞典“大宪章”

铸有马格努斯·埃里克松形象的钱币

马格努斯三世去世后，他的儿子小比格尔(Birger Magnusson, 1290—1318 年在位，但由大臣长期摄政)年幼无知，尚无法独立掌权，大臣托吉尔斯·克努特松(Torgils Knutsson)长期摄政，政权完全控制在由他主导的参政会手中。

这一时期，瑞典继续采取扩张政策，不仅征服了芬兰大部分地区，而且也将势力范围延伸到了今天俄罗斯境内的涅瓦河流域，在那里建立了维堡城。这座城市是当今俄罗斯列宁格勒地区最重要的港口之一，也是过去几百年来，著名的疗养和旅游胜地。

随着小比格尔的长大，以及国内对克努特松反教会政策的不满，1306年，小比格尔与他的两个弟兄埃里克公爵和瓦尔德马尔公爵联手推翻了克努特松的专权。但是三兄弟之间又开始了争权夺利的较量，瑞典政局一度动荡。1317年，小比格尔在尼雪设下鸿门宴，将两个亲兄弟杀死，引发了贵族中的大叛乱，他本人也最终被罢黜。埃里克公爵的小儿子，3岁的马格努斯·埃里克松(Magnus Eriksson)通过贵族间的选举即位，称马格努斯四世(Magnus IV, 1319—1364年在位)。

在这次国王选举中，参政会公布了一份《权力书》，号称瑞典的“大宪章”。这份《权力书》要求国王之下的所有贵族，无论是世俗人员还是神职人员，一律必须宣誓绝对效忠选出的国王；同时国王承诺未经参政会同意，不增加新的税收。同时还规定不允许外国人加入参政会或担任

今日维堡城，成为俄罗斯和芬兰边境最重要的一座城市

城堡监守，未经法律程序的公开审判，不得监禁任何人，哪怕是穷人。这些条文，后来在1350年被写进通行全国的法典中，地方各省的法律也被废除。这部国家的基本宪法一直沿用至1719年。

此外，还要指出，马格努斯·埃里克松在瑞典即位前，根据其母系的血统，也继承了其外祖父哈康·马格努松(Hakon Magnusson)在挪威的王位。这意味着瑞典和挪威以国王为同一人的形式实现了联合。这之后，为了巩固地位，新国王沿着所谓的“埃里克之路”出巡，这种传统成为确认其权力合法化的一种象征性盛典。通过会见地方主教和权贵，王权的神圣性得以彰显，瑞典作为一个国家的政治认同感也得以加强。

七、“全权霸主和真正的君王”：丹麦女王玛格丽特

尽管有《权力书》的宣誓，以及国王巡游的努力，但贵族和国王的冲突在沉寂数年后还是再次爆发。1364年，马格努斯·埃里克松被放逐。而这一斗争背后的外在背景则是丹麦势力的崛起。

1360年，丹麦占领了斯科纳省、哈兰生和莱金厄省，并在1361年拿下了哥得兰岛和该岛上重要的贸易中心维斯比。这对瑞典是种侮辱。1363

年马克努斯·埃里克松让他的儿子哈康与对手的女儿即丹麦国王瓦尔德马尔·阿特达的女儿玛格丽特(Margateta)联姻,试图借此来解决冲突。但是后来马格努斯·埃里克松被迫退位,瑞典政局在悬置和动荡中延续数年之后,贵族们不得不请来了前国王的儿媳,当时的丹麦女王玛格丽特及其幼子奥拉夫(Olof)入主瑞典。1387年奥拉夫夭折,1388年,玛格丽特被推举为瑞典的“全权霸主和真正的君王”,在她的指使下,瑞典、丹麦和挪威于1389年结成了以她为首的卡尔马联盟。

可以说14世纪后期国内王权与贵族的频繁争斗，以及国家间的领土争夺使得这一时期的农业危机雪上加霜。

14世纪中期黑死病流入北欧，瑞典的经济曾陷入一个漫长的经济衰退期,人口大减,田地荒芜。直到15世纪中叶才有所恢复。之后瑞典的农业结构也发生了一定的变化,谷物产量减少,养牛业开始获得较快的发展,牛肉和黄油成了出口量激增的重要商品。稳定和统一的政局成为时代的呼声。

1397年6月17日,挪威、瑞典和丹麦的统治者在卡尔马举行会议,正式结成卡尔马联盟,选举玛格丽特的养子波美拉尼亚的埃里克(Erik of Pomerania,1412—1439年在位)为三国共有的君主。但是事实上实权仍掌握在强势的玛格丽特手中。形式上,玛格丽特不干涉联盟各国内部的法律和贵族特权,所有重要职位仍由本国人担任。但是在经济上,地方贵族的地产受到了削减,玛格丽特的亲信也日渐占据了所有要津。表面的平静之下暗藏着不满，只是这种不满在威仪无比的玛格丽特的震慑之下还不敢轻举妄动。玛格丽特女王一死,叛乱立刻发生了。

波美拉尼亚的埃里克愚蠢的试图摆脱对吕贝克和汉萨同盟的经济依赖,这进一步激化了矛盾。埃里克1412年巡游全国,并试图通过联姻来加强自身的力量。他本人娶了英国国王亨利四世的女儿菲利帕公主(Princess Philippa),他的妹妹卡特里娜(Katerina)嫁给了神圣罗马帝国皇帝的王子——巴伐利亚的约翰(Johann of Bavaria)。他试图通过这种方式来跻身欧洲强势的统治者之列,但是这都硕果了了。在随后的七八十年间,瑞典始终处于一种国王和贵族的争斗中,中央政府与地方农民间的矛盾也不断爆发。三国共主局面最终消解了，瑞典王位更替频繁，但却鲜有留名青史的统治者。贵族家族的代理人不断地担任摄政，控制了瑞典的实权，王位世袭制的严肃性受到了极大的考验。丹麦国王也不断的兼任瑞典国王。直到古斯塔夫·瓦萨开创瓦萨王朝，瑞典才重新成为一个主权独立的国家，也迎来了它在欧洲中世纪史上的巅峰时代。

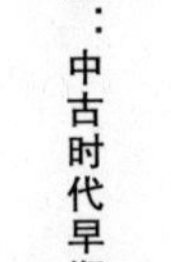

第七章

瑞典皇室：鼎盛时代的瓦萨诸王朝

一、古斯塔夫·瓦萨的锐意改革

二、约翰三世与宗教冲突

三、北方雄狮：古斯塔夫二世

四、瑞典女王克里斯蒂娜

五、卡尔十二世与大国地位的衰落

六、自由时代：王位继承与议会斗争(黑森王朝)

七、王权的重新夺回：古斯塔夫三世的专制

八、君主立宪政体的建立

一、古斯塔夫·瓦萨的锐意改革

1520年11月7日至10日，斯德哥尔摩城内发生了一场大屠杀。丹麦国王克里斯蒂安二世攻下斯德哥尔摩,并以卡尔马联盟为依托,自封为瑞典国王。宣布反对他的人都是异端，并将80名反对派骨干斩首于闹市,史称“斯德哥尔摩惨案”。

这场惨案的实质其实是瑞典国内两派政治势力的角力：一派人支持以丹麦为主导的卡尔马联盟;另一派反对联合,要求瑞典独立。支持联合者则以古斯塔夫·特罗雷(Gustav Trolle)大主教为首;反对联合者以小斯腾·斯图尔(Sten Sture den yngre)为首。我们如果用今天的眼光,简单地将反对联合者视为瑞典的民族主义者，将信仰卡尔马联盟的联邦主义者视为卖国者,那么这种划分还是有些牵强的。因为毕竟民族主义是一个法国大革命后的新生词汇，瑞典当时并不存在足够强大的王权来确保国家是一种中央集权的独立政治实体。贵族集团内部不同利益集团的意见分歧也许是一种更为恰切的解释。斯德哥尔摩惨案标志着瑞典贵族集团内部一派对另一派的残害。当然,这在瑞典人心中也埋下了对丹麦人的仇恨,两个国家的敌视在此之后持续了近300年。正是在这相互敌视的漫长过程中,瑞典和丹麦作为不同国家、不同民族的意识才真正地渗入社会的各个阶层中去。

瑞典贵族古斯塔夫·瓦萨(Gustav Vasa,1496—1560年在世),属于反对联合者的一派。他曾于1518年的布兰基尔卡战役中被丹麦人俘虏,后来成功脱逃。他的父亲埃里克·约翰松和他的姐夫华金·布拉赫都就义于斯德哥尔摩惨案中,他的母亲也被判处了终生监禁。因此作为烈士的后裔,他在瑞典人心中获得了相当的声望。作为幸免于难的幸运儿,古斯塔夫·瓦萨开始静心思考逃亡的路线。海上的路线已经被切断,因为瑞典的那些港口都已经被丹麦控制。他只能走陆路逃亡到了达拉那省,并在1521年成功组建了一支志愿军。属于汉萨同盟的德意志城市莱比锡和吕贝克也全力支持了他,提供了诸多经济和军事援助。1521年8月,他被达拉纳省的(瑞典语Dalarne,英语叫达尔卡利亚,Dalecarlia)当地居民推举为瑞典摄政和最高统治者。之后，他成为与丹麦军对抗的民族英雄。

位于瑞典中部的达拉纳地区,被视为瑞典的独立地,瑞典的“新英格兰”。这一区域拥有广阔的森林、湖泊和铜矿产区,当地居民长期享有经济独立的好处,他们很难接受丹麦人成为骑在自己头上的领主。这一地区的居民也是狂热的信徒和不知变通的顽固派。在那个时代,我们还很难说他们具有爱国主义的意识。正如亨德里克·威廉·房龙在《伟大的逃亡——古斯塔夫·瓦萨的建国传奇》一书中所言,中世纪的人还没有非常明确的国家概念,他们只说自己是哪里人,来自于哪里。地方利益是他们最为直接的追求。封建时代的人生哲学同样看重“忠诚”,但是他们的“忠诚”不是针对一个抽象的概念,如“国家”或“民族独立”,而是针对一个具体的人,一个他们心目中的英雄。斯德哥尔摩惨案的发生,使得他们对丹麦人痛恨至极,所以他们才把自己界定为瑞典人。正如丹麦国王克里斯蒂安二世成为众矢之的,瑞典人同样需要古斯塔夫·瓦萨成为他们可以触及的精神领袖。也就因此,他们倾其所有来支持了古斯塔夫·瓦萨的反丹活动。

等到了1523年暮春,古斯塔夫·瓦萨已经能够将几乎全部的瑞典领土置于自己的控制之下了。同年6月6日,在斯特兰奈斯召开瑞典议会,他被正式推举为瑞典国王,这一天后来也被定为瑞典的国庆节。6月24日,他的军队从丹麦人手中收复了斯德哥尔摩,宣布废除卡尔马联盟,囚禁了克里斯蒂安二世,放逐了与丹麦人勾结的大主教特罗雷。1528年1月21日,古斯塔夫·瓦萨在乌普萨拉大教堂接受了隆重的加冕仪式,世称古斯塔夫一世(Gustav I,1521—1560年在位),由此瓦萨王朝开始。瑞典历史开启了独立富强的新篇章。

古斯塔夫·瓦萨肖像。雅各布·宾克(Jacob Binck)创作于1542年,现藏于乌普萨拉大学

钱币上的古斯塔夫·瓦萨

古斯塔夫一世在位期间，进行了一系列的锐意改革，对瑞典的政治和社会发展产生了深远的影响。古斯塔夫一世首先确立了世袭君主制，他认为过去由贵族通过选举拥立君王的习惯是造成国家政局动荡不安的根源，世袭原则不仅能够有助于巩固君主的地位，同时也能够巩固主权国家本身。波兰由于依然保留了选立君主的传统，在随后的两个半世纪里，一直处于周期性的动荡中，甚至由此遭受了邻国的暗算。可以说，古斯塔夫·瓦萨废除选举君主制，确立世袭君主制的举措，在根本上为瑞典的崛起奠定了稳定的内部根基。

古斯塔夫一世在位期间，瑞典还建立了一套先进的官僚体制。他从欧洲大陆特别是德意志的神圣罗马帝国境内引进了大量具有专业技能的官员来管理政府。1538年，他甚至把神圣罗马帝国皇帝查理五世的宫廷大臣康拉德·冯·皮黑(Conrad Von Pyhy)挖来，担任瑞典的宫廷大臣和总监。国家公职人员也开始从来自中下层的新教徒中择优招募。

此外，古斯塔夫一世还进行了较为彻底的宗教改革。16世纪初期以来，德国的新教改革思想大量地渗入瑞典，瑞典的路德宗学者佩特里兄弟试图引入新教信仰，1526年被翻译成瑞典语的《新约圣经》正式出版。1530年代，在斯德哥尔摩和马尔默地区就曾多次爆发破坏圣像的骚乱，以此表达对守旧的天主教势力的愤怒。古斯塔夫·瓦萨在放逐了叛国的瑞典大主教后曾给教皇克莱门特七世写信，希望教皇能提名听命于瑞典国王的约翰内斯·马格努斯为下一任的大主教人选。但是教皇拒绝了这一要求，并要求古斯塔夫·瓦萨立刻恢复旧主教的权力。这激怒了古斯塔夫·瓦萨，他决定在教职上采取毫不妥协的态度，最终他自行任命了瑞典的大主教，由此，罗马教廷对瑞典教会的控制一落千丈。

当然，不得不承认诱发宗教改革的另外一个原因还在于经济压力。汉萨同盟中的吕贝克对瑞典的支持不是不求回报的，为了偿还欠吕贝克的债务，古斯塔夫一世不得不提高税收。但是教会地产占到了全国所有份地的21%(国王地产才不过5%),教会拒绝缴纳白银和什一税,这激化了国王和教会的矛盾。1527年古斯塔夫·瓦萨召开上层贵族代表会议,颁布了《韦斯特罗斯退田令》,要求瑞典教会必须把部分收入上缴瑞典国王而非罗马教皇。通过这项法令,教会的很多地产被剥夺转而归为王室所有。教会成为了隶属于民族国家的一种机构,教义也开始按照路德的学说得以改造。虽然期间曾有多次的新教和天主教大辩论,但是1593年在乌普萨拉召开的一次贵族会议最终确定了瑞典实行新教的政策转向。今天,新教路德宗成为了瑞典的国教。

随着以上措施的颁行,教会的田产和旧有势力被国王和贵族瓜分。独立于罗马教廷,完全听命于国王本人的行政管理结构也获得了充实和进一步完善。这些都大大推动了瑞典的中央集权化进程。

二、约翰三世与宗教冲突

古斯塔夫一世去世后,他的两个儿子因为宗教立场上的差异,相互争斗,之后又相继继位,这反映了这一时期宗教改革对瑞典政治的深刻影响。1560年首先是埃里克十四世(Eric XIV,1560—1568年在位)登基,但是他的弟弟约翰由于娶了波兰天主教信仰的公主凯瑟琳·雅盖隆卡(Katarina Jagellonica),而获得了波兰以及天主教势力的大力支持。约翰夫妇甚至公然将他们的儿子西吉斯蒙德(Sigsmund)按照天主教徒的方式培养。这种状况,使得波兰干预瑞典内政成为可能。埃里克十四世一气之下将约翰囚禁4年。但是埃里克也因此树敌甚多。等到了1568年他同情妇卡琳·曼斯多特尔(Karin Mansdotter)结婚,将教派矛盾彻底激化了。最终,他被罢黜,约翰登基,史称约翰三世(John III,1568—1592年在位)。约翰三世为了安抚贵族,一上台就颁布法令免除他们的军事义务。但是他试图恢复天主教的倒行逆施政策却始终无法为贵族所容忍。他在1576年引入所谓的红皮圣经,试图推行一种特殊的更具天主教风格的礼拜仪式,遭到了强烈的反对。等到了1592年,约翰三世逝世后,他天主教信仰的儿子西吉斯蒙德已经依据母系的血缘继承了波兰的王位,

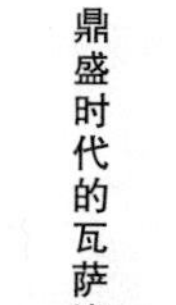

他是否还能继承瑞典王位，这引起了很大的争议，也造成了瑞典国内的宗教大分裂。路德派教士在1593年召开乌普萨拉宗教会议，发布了一系列宣言试图界定瑞典的宗教信条，并继续禁止天主教的活动。之后，西吉斯蒙德虽然即位(1592—1599年在位)，但很快就回波兰执政去了，瑞典的王权落入他的叔叔摄政王卡尔手中。1604年，经过各等级代表的协商，卡尔被推荐为正式的瑞典国王，史称卡尔九世(Karl IX，1599—1604年摄政，1604—1611年在位)，他的子孙也获得了世袭王位的权利。卡尔九世的儿子就是大名鼎鼎的古斯塔夫·阿道夫(Gustav Adolf)，他作为古斯塔夫·瓦萨的孙子，为了与前者区分，被称为古斯塔夫二世(Gustav II，1611—1632年在位)。

三、北方雄狮：古斯塔夫二世

古斯塔夫二世是瑞典历史上战功最为显赫的国王，被誉为“北方雄狮”，他戎马一生，横扫欧洲大陆，使得瑞典跻身欧洲强国之列。在他统治期间，瑞典的属地甚至远及德国和拉脱维亚。1658年，在古斯塔夫二世的带领下，瑞典还从丹麦手中夺得了马尔默地区，奠定了今日瑞典的南部疆土。至此，瑞典扩张到了顶点，整个波罗的海几乎成为了它的内湖。

早在古斯塔夫二世上台前的半个世纪，法国犹太裔著名预言家米歇尔·德·诺斯特拉达穆斯(Michel de Nostredame)就在他的《诸世记》中写道：16世纪末到17世纪初，北方将会有一头狮王傲视欧洲，惊天动地，但可惜他将命断德意志，英年早逝。这个预言完全符合了古斯塔夫二世的经历：在欧洲所向披靡的他被誉为南下的雄狮，不幸的是他在38岁的时候就意外地战死沙场，就义于德国境内的吕岑战场。

战马上的古斯塔夫二世，欧洲版图在他脚下

具体说来，古斯塔夫二世的显赫战功与他

的军事改革不无密切关系。几百年来，他一直被视为欧洲历史上最为杰出的军事和战略奇才之一。古斯塔夫二世整顿军队的第一项措施就是实行全民征兵制。瑞典政府规定15到40岁之间的男子必须应征服役，凡不愿入伍的则须缴纳相当数量的免役金。在当时，欧洲各国盛行募兵制，而雇佣军作为一种商业活动，存在很多弊端，特别是随军家眷、商贩、乞丐和妓女等非战斗性人员极大地拖累了军队的行军。古斯塔夫二世决心要在瑞典建立一支高素质的新式国民军。在军队中，他从基层选拔骨干进行近卫军培训，然后再让他们回到各个连队宣讲先进的军事理念。他对军队的思想和纪律控制严格，瑞典常备国民军成为当时欧洲最具战斗力的一支部队。

瑞典各式样的长矛枪头

古斯塔夫二世还改良了武器装备。他最先改进了步兵中长矛兵的武器，在矛的前端套上铁套，使敌人不能轻易用剑砍断。为了改变火器主要依靠进口的状况，他还建立了皇家的武器制造工场。命令全国的铁匠、铜匠和相关手工艺人集中居住在选定的市镇，接受国家分配的武器生产任务。在这样一种氛围下，瑞典人发明了新型的滑膛枪。这种可以由单兵独自装填的火枪与当时欧洲其他国家使用的火绳枪相比，击发速度更快，更具有战斗力。此外，瑞典还铸造了新型的"四磅炮"，采用铜锡合金制造炮管。这是一种轻型的野战炮，重量仅约为400磅，只需一匹马或4个人就能灵活驮运或转移。而当时大多数欧洲军队使用的还是笨重的传统火炮。

在军队编制方面，古斯塔夫二世也锐意创新。精简了步兵团的人数、增加了火枪兵的数目、首创团属炮兵。他把每个团压缩至1300人左右，编制8个连，每连除军官外有士兵126人，其中火枪兵达72人，可编成独立的分队。他以连为基本战斗

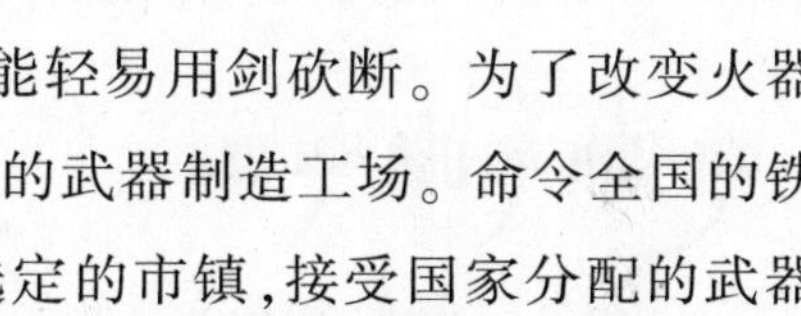

瑞典军队新式的轻型野战炮

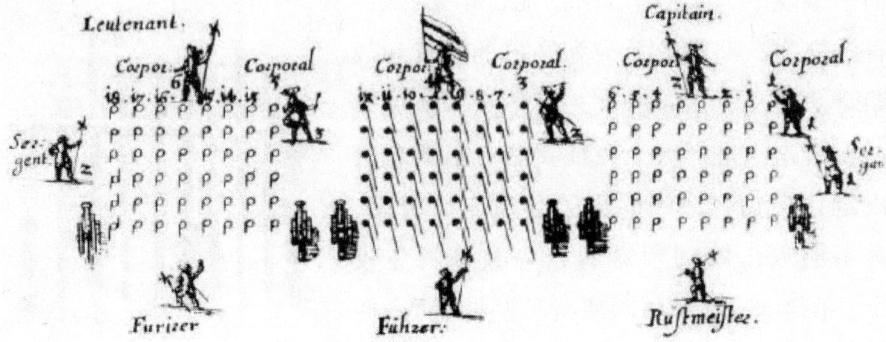

古斯塔夫二世的一个连

单位,作战时,通常以一个或数个连作为基础来展开队形。

在17世纪的雇佣军时代，欧洲大多数军队还没有完全摆脱传统的方阵队形。但火器时代来临后，人员密集的方阵会在瞬间遭受惨重损失。由此,古斯塔夫首创了使他扬名欧洲的楔形阵。他把军队排列成长横队,将步兵的横队纵深改为3—6列(过去是8—16列),将骑兵的横队

古斯塔夫二世创立的新型骑兵战术:骑兵开一枪后直接白刃冲锋,并在骑兵队伍之间配置滑膛枪部队予以支援。这样骑兵冲锋后可以迅速脱离,在火枪部队齐射的掩护下完成重组,而火枪添装之时,骑兵再次冲锋

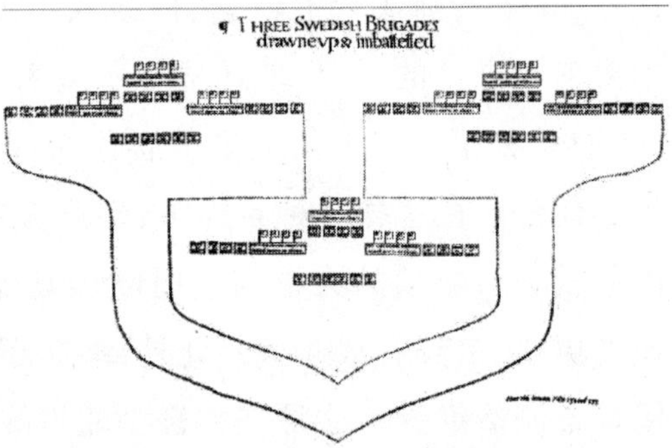

瑞典军团的三旅棋盘式部署

瑞典军团的五旅部署

纵深改为3列（过去一般为10列）；部署阵势时，以长矛兵居于中央，以火枪兵布于左右，骑兵一般都配置在步兵的两翼，或摆在每一条步兵横线的后面，或与火枪兵混合编组。这是欧洲最早采用的线性战术。在军事学史上，线性战术的应用是古代和中世纪战术向现代战术转变的一个重要标志。

正是因为如上的这些军事成就，古斯塔夫二世被视为“现代战争之父”，他与汉尼拔、亚历山大大帝、恺撒、腓特烈大帝、拿破仑等帝王名将一起并称于世，也将瑞典改造成了欧洲的军事强国。

四、瑞典女王克里斯蒂娜

古斯塔夫二世的王后玛利亚·伊丽欧诺拉早年曾育有两女，但都不幸夭折。等到了1626年12月8日，她产下了克里斯蒂娜公主，瑞典举国欢腾。起先，这个女孩子生出来时长满毛发且哭声响亮，接生的人把她误认为是男孩子。错误被发现时，在场的人都尴尬异常，但是国王古斯塔夫二世却毫不在意，他说：“看来这个女孩子一定聪颖过人，看，她作弄了我们所有人！”后人推测，她的性别之所以会引起混淆，可能是因为她出生时被几乎完整的羊膜包着，在斯堪的纳维亚传统中，这种羊膜被称为“胜利外衣”，象征一种好兆头。古斯塔夫二世很喜欢这个女儿，从小就把她当作男孩子养，在出征30年战争时，曾申明如果无法安然返回，克里斯蒂娜将继承皇位。

1632年，古斯塔夫二世阵亡后，只有6岁的克里斯蒂娜登基，成为瑞典女王（Queen Kristina，1632—1644年由阿克塞尔·奥克森斯特纳摄政，1644—1654年独立掌权），但是由于她在宣誓时说的是“国王”而非“女王”，所以她也获得了一个“女孩国王”的绰号。

克里斯蒂娜同她母亲的关系非常微妙。来自霍亨索伦王朝勃兰登堡的王后性情古怪。在古斯塔夫二世逝世后，她下令直到她去世与丈夫合葬为止，之前不能下葬国王。她还要求棺材必须一直打开，每天上午她都会去抚摸她丈夫的遗体，虽然尸体腐烂严重，但她毫不在意。直到

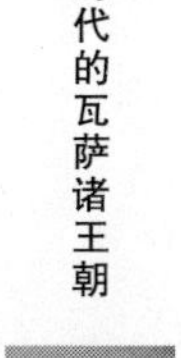

古斯塔夫二世逝世18个月后，迫于朝臣的压力，老国王才得以入土为安。但是王后此后依然要求进入墓室，最高总理大臣阿克塞尔·奥克森斯特纳不得不下令卫兵看守陵墓，以阻止王后的疯狂行为。

这位王后还时常将生产时的痛苦迁怒于自己的孩子，更因为克里斯蒂娜是个女孩子，而非真正的男性继承人，起初她多少有些不喜欢克里斯蒂娜。但是随着克里斯蒂娜的长大，她在相貌上越来越像先王，母亲开始日渐关注她，甚至发展成为一种疯狂的占有欲。

克里斯蒂娜女王的肖像画

但是根据先王的遗令，克里斯蒂娜要交由姑母卡特里娜照顾。由此，母亲和姑母展开了对小克里斯蒂娜抚养权的争夺。虽然身为王后的母亲常常暗自哭泣，但是摄政还是将这位可怜的寡妇放逐到了格利普斯霍姆宫，并限制她与女儿的会面。在此之后，只有经过枢密院的同意，两人才能短暂相遇。姑母一家搬入王宫，陪伴克里斯蒂娜度过了她的童年。期间，克里斯蒂娜接受了全面系统的贵族教育。

早在克里斯蒂娜还是婴孩的时候，照看她的保姆曾不小心将她掉在地上，由此她断了一根肩骨，导致一生都两肩不一般高。尽管如此，她却有精湛的马术，而且还擅长击剑和射击，大有其先父的骁勇遗风。她还天分过人，在先王指派的导师神学家约翰内斯·马蒂亚·哥图斯(Johannes Matthiae Gothus)的悉心栽培下，她学习了宗教学、哲学、希腊语和拉丁语。她具有语言天分，1645年法国大使皮埃尔·赫克托·沙纽来斯德哥尔摩时曾大为惊叹地说："殿下的法语说的太好了，简直就像是在卢浮宫里出生的一般！"她标准地道的意大利语也令曾在意大利居住良久的朋友大为震惊，因为她从未去过意大利，但腔调却跟当地人一样。年轻的克里斯蒂娜女王还热爱科学和欧洲大陆的先进思想。经法国大使从中牵线，女王极为欣赏大哲学家勒内·笛卡尔的学说，她邀请了笛卡尔来瑞典做客。虽然她曾提示笛卡尔瑞典的冬天异常寒冷，建议他夏天到访，但是笛卡尔还是在1649年的10月抵达了斯德哥尔摩。笛卡尔按照克里斯蒂娜的时间表，每天早上5点钟到王宫图书馆与她和馆长、国家历史学家约翰·弗莱恩海姆讨论哲学，这极大摧残了笛卡尔的健康。次年2月，笛卡尔不幸患上肺炎，10日后就匆匆去世，克里斯蒂娜女王对此非常内疚。

坐在桌旁的克里斯蒂娜与笛卡尔在讨论学术问题

克里斯蒂娜是位有头脑、有胆识的智者，在她18岁亲政后，顺利完成了与丹麦的修好政策，丹麦把哥得兰岛和厄赛尔岛（今爱沙尼亚萨雷马岛）转让给瑞典，同时瑞典从挪威那里得到了耶姆特兰省和海里耶达伦，这两处今天仍然是瑞典的领土。她还试图对抗贵族政治，打压摄政大臣的势力，任命非贵族出身的扎伊尔乌斯为枢密院成员，任命来自汉堡的本尼迪克·尼哈米阿斯·德·卡斯特罗为“常驻医生”，她的这种强硬风格和特立独行给瑞典人留下深刻的印象，也令保守的瑞典贵族集团大为头痛。

这种个性同样反映在她的婚姻观上。虽然克里斯蒂娜热爱学习，每天只睡三四个钟头，不嗜梳妆，常常女扮男装；爱好科学、艺术并探究一切新生事物；像一个男孩子一般行事为人，但是她身边的人依然不得不承认她具有强烈的女性魅力。克里斯蒂娜是一位拥有倾国倾城美貌的幸运儿。她的表哥，也就是她姑姑的儿子卡尔对其有意，他们曾在卡尔参军前秘密订婚。但是也许是父亲早亡、母亲病态，加之繁忙的政务，让

她对婚姻抱持了一种非常悲观的态度。她甚至在自传中写道，“对婚姻感到无比厌恶”，自己“对女性所说和所做的所有事都感到无比厌恶”。她最好的女性朋友艾芭·斯芭尔(Ebba Sparre)，由她主婚出嫁，但5年后丈夫就被谋杀，3个子女也都先后夭折，艾芭守寡4年后也郁郁而亡。这更坚定了克里斯蒂娜不婚的决心，她表示支持拥立堂兄卡尔为王位继承人，但却不准备嫁给他。虽然贵族强烈反对，但是其余3个国民等级——神职人员、资产阶级和农民——都表示了谅解。当然，她个人在宗教上转信天主教也是她退位的一个重要原因，毕竟在瑞典这个新教国家很难公开她的信仰，而她又不愿因为自己的信仰置国家利益于不顾。最终她去意已决，无人能挡。

1654年退位仪式在乌普萨拉城堡举行。克里斯蒂娜身穿的礼服一件件被褪下，负责摘取王冠的佩尔·布拉赫不忍下手，克里斯蒂娜就索性自己摘下了头顶的冠冕，移交给了堂兄卡尔。最后，她身穿塔夫绸白袍，动情地发表了告别演说，那一刻瑞典群臣潸然泪下，一身白衣的她如同天使般飘然离去。

同年夏天，克里斯蒂娜在边境改穿男装，骑马越过丹麦，8月抵达当时受西班牙控制的安特卫普，受到当地人的热情宴请。12月24日她在布鲁塞尔正式皈依天主教，但是碍于瑞典枢密院会因此停止向她提供生活费，她的改信没有被公开。之后，她定居罗马，结交当地的艺术名人。她还在法尔内塞宫创办了阿卡迪亚学院，教授音乐、戏剧、文学和语言。每逢周三，都会邀请大量上流社会的人员到访，让他们领略艺术学院的创造气氛。克里斯蒂娜虽然已经退位，但是她依然在谱写一个传奇，她独特的个性——她的热烈、强势和无所顾忌——使其成为当时欧洲大陆的聚焦点。

克里斯蒂娜到访法国期间，路易十四热情款待了她。但她男子气概的装扮和举止，以及言谈的自由程度都让法兰西的女士们感到震惊。法国“大公主”(即奥尔良的安·玛丽·路易丝)在芭蕾舞会上接待克里斯蒂娜之后，曾对人说：“她使我很惊讶：她向她喜欢的部分鼓掌，卧在椅子上，把腿交叉，还会放在椅子的扶手上，应该还有其他等等动作。除了在著名的丑角Travelin和Jodelet身上以外，我从未见过这些动作……她在各方面都是个非同寻常的人。”在罗马时，克里斯蒂娜还曾请求教皇克莱芒十世禁止在嘉年华中追逐街上的犹太人。她在1686年8月15日发出署名为“女王”的声明，宣称所有罗马犹太人都会受到她的保护。

在意大利期间，中年的克里斯蒂娜自由地与同龄男性交往，其中一位是名为德西奥·阿佐利诺(Decio Azzolino)的红衣主教。他曾担任过驻西班牙大使的秘书，负责罗马教廷和欧洲各国宫廷的联络，他也是天主教会内的自由思想运动“飞行小队”的领袖。教皇曾警告两人不要交往过密。但克里斯蒂娜张扬地用法文写信给阿佐力诺，表示她无意冒犯上帝，也无意要他冒犯上帝，她需要的只是情感的表达。在信里她写道：“这无法阻止我爱你，至死不渝；虔诚使你无法成为我的爱人，那么我也免除你成为我的侍从，因为我生死皆为你的奴婢。”阿佐利诺的回信则相对保守得多。克里斯蒂娜周游列国时写了很多信给他，现存有50封。信件以密码写成，但在1900年时被瑞典—挪威的驻罗马大使卡尔·比尔特男爵破解。这些信札充分展现了克里斯蒂娜率真、果敢的个性。一次，她跟阿佐利诺相约于苹丘旁的美第奇别墅相聚，但阿佐利诺没有现身，着急的克里斯蒂娜便赶往圣天使城堡，发射了一枚大炮，至今美第奇别墅前的铜门上依然可见大炮的弹痕。两人的关系虽然被外界议论纷纷，但是他们做了坚守一生的挚友。

1689年4月19日，身染重病的克里斯蒂娜在阿佐利诺的陪伴下安然辞世，终年62岁。虽然生前她要求葬礼从简，但教宗坚持要把她的遗体放在里阿瑞欧宫公开瞻仰4天。她的遗体上涂满了香料，以白色的锦缎覆盖。她带着银色的面纱、镀金冠冕并手握权杖。遗体分别以柏木、铅和橡木制造的棺木盛载。出殡行列最终前往圣彼得大教堂，她得以安葬在教皇石室，目前只有3位女性有此殊荣。

1702年，教皇克莱芒十一世下令为克里斯蒂娜树立纪念碑，以表彰她离开瑞典回归天主教的功绩，同时也感激她驻留罗马期间为城市文化做出的杰出贡献。直到今天，意大利人还把她生活在罗马的那个时代

称为“克里斯蒂娜的17世纪”。

克里斯蒂娜死后，阿佐利诺成为她唯一的遗产继承人，但这时的阿佐利诺已经债台高筑，患有重病的他一个月后也步克里斯蒂娜之后尘，离开人世。他的侄子继承了财产后，马上开始变卖克里斯蒂娜留下的大笔艺术藏品。最终，克里斯蒂娜庞大且最为重要的藏书库和父亲古斯塔夫二世征战欧洲多年所得的战利品，被教皇亚历山大八世买下，置于梵蒂冈图书馆。她原先拥有的约300幅画作，其中包括提香的《海中升起的维纳斯》，大部分先收藏于法国奥尔良画藏，后来保存于苏格兰国家画廊。名画保罗·委罗内塞的《维纳斯哀悼阿多尼斯》经阿佐利诺的侄子变卖后，辗转返回了瑞典国立博物馆。在当时看来，这些画作被克里斯蒂娜从瑞典带走似乎是瑞典的重大损失，但也正是如此，才令它们幸免于1697年瑞典三王冠宫的大火，得以留存至今。这些流转海外的画作如同它们的主人一般谱写了多彩的传奇故事。

五、卡尔十二世与大国地位的衰落

卡尔十世·古斯塔夫

作为克里斯蒂娜女王的堂兄，卡尔虽然最终没能抱得美人归，但却获得王位作为补偿，号称卡尔十世·古斯塔夫（Karl X Gustav，1654—1660年在位）。由于他是普法尔茨—茨魏布吕肯的约翰和瑞典卡特里娜公主的儿子，他即位后按照父系血统看，其实不属于古斯塔夫·瓦萨家族的嫡传，由此，他之后的王朝也被称为普法尔茨王朝。卡尔十世深受德意志传

马上的卡尔十一世在隆德之战中

统文化的影响，对德意志地区有深厚的感情。为了巩固与荷尔斯泰因—戈托普一起对抗丹麦的联盟，卡尔十世同海德维希·伊丽欧诺拉结成政治联姻。他们育有一子，即后来的卡尔十一世。卡尔十世在1660年2月进攻丹麦时突然去世，虽然未能攻下哥本哈根，瑞典和丹麦还是签订了条约，规定瑞典将伯恩霍尔姆和挪威的特隆赫姆归还给丹麦，瑞典仍然保有其他有争议的省份，从而确定了瑞典和丹麦的最终疆界，这一疆界划分一直沿用至今。

卡尔十一世(Karl XI，1660—1697年在位)即位后，虽然在1676年取得了隆德之战的胜利，但丹麦军队仍然占据着斯科纳的大片领土。史称“斯科纳战争”的这场战役，是瑞典和丹麦之间最为血腥的一次战役，双方都损失惨重，最后在法国的调停下，1679年两国先后在法国的枫丹白露和瑞典隆德举行谈判，签订了合约，确认了丹麦和瑞典边界标尺不变，瑞典成功保持了在波罗的海的主导地位。

在瑞典历史上，1611年到1718年之间也被称为“帝国时期”，当时瑞典面临的主要问题就是如何维持庞大的军队，以保持其大国地位。这100年间，战事不断，瑞典曾一度靠从占领的敌国领土上榨取和掠夺资源来维持其财政支出。但1660年以后，特别是斯科纳战争之后，如何保持军队供给成为一个日渐棘手的问题。斯科纳战争结束后，瑞典建立了一种新的制度来应付这个问题，即“派役制”。国王委派专任或非专任的官员来管理属于王室的农场，他们领取薪金，农场收入供国家所需，并维持官员的部分生活所需。同时，将农民划分为提供兵源的组织，称为rotar。每个rotar提供一名士兵，并负责其给养和大部分的武器装备。rotar

通常还为这名士兵建造一座专用的棚屋，国家还为其准备武器装备提供一定的资金资助。通过这种方式，人烟稀少的瑞典得以维持了一支常备军，各地能够在接到参战通知后迅速动员起来。

卡尔十二世

等到了1697年卡尔十一世去世后，继承人卡尔十二世(Karl XII，1697—1718年在位)才刚15岁，为了避免摄政制度的弱点，瑞典宣布国王已经到了正式继位的年纪，并赋予他全面的权力。所谓的“北方大战”(1700—1721年)开始后，在英国和荷兰舰队的支持下，卡尔十二世组织良好的瑞典新常备军迅速在丹麦西兰半岛登陆并火速推进，迫使丹麦根据《特兰温达尔合约》履行不支持瑞典敌人的承诺。1700年夏秋，瑞典军队被迅速运到东部前线，与占据里加的奥古斯都二世和正在进攻纳尔瓦的俄国军队开战。卡尔十二世首先率领军队扑向俄国人，取得了纳尔瓦战役的胜利，俘虏并歼灭了大批俄国部队。之后，他又向奥古斯都二世的萨克森军队发起进攻，迫使后者撤退。在接下来的几场波兰战役(1702—1706年)中，瑞典依然是大获全胜，最终迫使奥古斯都二世签订《奥特兰斯塔德合约》(1706年)，宣布放弃波兰王位，反瑞典联盟遂告解散。次年春天，卡尔十二世继续留在了奥特兰斯塔德，接受各国使节的朝拜和斡旋。英国试图说服他参与到当时正在进行的西班牙王位继承战争中，希望他能支持英国，但卡尔十二世却决定一路向东，进攻俄国，他认为俄国是瑞典在北方最大的敌人。

1707年瑞典攻占波兰，1708年卡尔十二世率领4万军队入侵俄国，同时另有1.6万人的军队从里加地区出发，护卫战争补给的运送。但由于战线过长，而俄国人坚壁清野，使得瑞典军所到之处都已被焚毁，加之这年冬天异常寒冷，瑞典军队还未真正投入战斗就已经消耗甚重。卡尔十二世很不情愿地放弃了攻打莫斯科的计划，南下乌克兰，指望能找到充足的补给，并与哥萨克叛军汇合。但是事与愿违，在1709年6月的波尔塔瓦之战中，瑞典军队遭遇了毁灭性的溃败，卡尔十二世不得不逃命土耳其，在土俄边境的摩尔达维亚滞留5年，企图说服土耳其人向俄国发起进攻，但毫无功效。最后卡尔十二世不得不绕路西欧，辗转回到瑞典，那时已是1715年了。心有不甘的卡尔十二世，依然试图重振雄风，在隆德设立总部，集结力量，试图征服挪威。但这都是小打小闹，不成气候。1718年11月30日，他的脑袋被一颗子弹射穿，到底是被敌人的子弹打死，还是遭遇军队内部的暗杀，这成了一个悬案。随着这位野心勃勃的国王的辞世，瑞典由攻势转为守势。之后，瑞典军事大国的地位日渐衰落，也停止了无止境的对外扩张，开始实行休养生息政策，更加专注国内的各种社会矛盾。卡尔十二世对俄国的进攻，耗尽了瑞典的国力，成为瓦萨王朝由盛转衰的一个转折点。

六、自由时代：王位继承与议会斗争（黑森王朝）

由于卡尔十二世从未结婚，所以也有人预测他的被杀与王位继承有关。根据卡尔十一世的遗愿和四级议会（由贵族、教士、市民和农民组成）的批准，女性也有权继承王位。一旦君王没有男性继承人，未婚的女儿也可以继承。一方面，卡尔十一世的大女儿索菲亚，也就是卡尔十二世的姐姐1708年就已去世，她的小儿子荷尔斯泰因—戈陶普（Holstein—Gottorp）家族的卡尔·弗雷德里克（Karl Fredirk）获得继承权也略显牵强。另一方面，卡尔十二世的妹妹乌尔丽卡·埃勒欧诺拉（Ulrika Eleonora）在1715年嫁人之前拥有更名正言顺的继承权。虽然后者和她的夫婿黑森的弗雷得里克（Fredirk of Hesse）一再要求继承权，但是斯德哥尔摩召开的四级议会并不想轻易地答应。他们要求乌尔丽卡·埃勒欧诺拉先保证放弃绝对王权，然后才会支持她继承王位。1719年，乌尔丽卡·埃勒欧诺

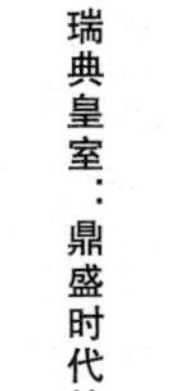

拉做出承诺，并登基成为女王。次年，她试图辅佐其夫婿黑森的弗雷得里克登基，又遇阻挠，她不得不在制宪方面进一步做出妥协和让步，才换来了议会的默许。也就是说，这对夫妇的王位继承是建立在对议会的妥协之上的：专制主义王权受到了议会的有效限制。从1720年直到1772年他们的孙子古斯塔夫三世上台，这中间的半个世纪被称作瑞典的"自由时代"。这一时期瑞典社会完成了一场不流血的革命，实现了政治的全面变革。当时，在一封名人书信中曾有这样的言辞："在这里，人人都像度过了寒冬后的飞虫，恢复生机。"这句话准确描述了斯德哥尔摩政治氛围的活跃。根据1720年制定的《政府文约》，加上1723年制定的议会规则，核心的政治权力被控制在参政会手中。而国王在参政会中只拥有两票，加上一张决定票。整个18世纪的20—30年代，参政会召集人阿尔维德·霍尔恩（Arvid Horn，1664—1742年）在国家大事上发挥了主导性的作用。同时四级议会也拥有重要的权柄，每3年召开一次，控制了国家很多的财政和立法大权。此外，议会中的秘密委员会，还对外交政策的走向起到了一定的影响。相应的，王室的权力受到了极大的瓜分和削弱。

卡尔十二世的妹妹乌尔丽卡·埃勒欧诺拉和她的夫婿黑森的弗雷得里克

阿尔维德·霍尔恩作为权倾一时的国务顾问和首席大臣担当了瑞典官僚体制中最为关键的一个角色。他是一位温和的重商主义者，热衷推进国内的工业发展，特别是纺织业的进步。同时他还试图让瑞典远离国际冲突，专注国内发展。但是他的立场引发了部分更为激进的重商主义者、年轻军官、商人和官员的不满，这些人号称"便帽派"，而霍尔恩和一些更年长的贵族则被称为"礼帽派"。这两派其实分别代表了参政会

国务顾问和首席大臣阿尔维德·霍尔恩

“便帽派”领袖卡尔·吉伦伯格

和四级议会的立场，两派的斗争也暴露了1738年到1739年间参政会和四级议会的对抗。“便帽派”对霍尔恩的支持者进入议会做了严格的资格审查，很多“礼帽派”的成员被禁止参加议会议程，新召开的四级会议完全被“便帽派”主导，霍尔恩被迫下台。“便帽派”领袖卡尔·吉伦伯格（Carl Gyllenborg，1679—1746年）取而代之，担任首席大臣。但是在军事立场上，霍尔恩是鸽派，吉伦伯格是鹰派，后者曾试图不惜一切代价重新夺回被俄国占领的领土，但是与俄国重新开战后，瑞典军队遭遇溃败，甚至在1743年失去了南卡累利阿。吉伦伯格只好引咎辞职。其对立派别再次掌权。这两派的议会斗争以及轮流执政跟英国历史上托利党和辉格党间的争斗非常相似，国王的权力在很大程度上被架空，一直到1772年古斯塔夫三世通过政变夺回政权，瑞典在此期间实际上实行了一种议会制的政治体制。国王成了一个无关痛痒的看客。

七、王权的重新夺回：古斯塔夫三世的专制

对俄战争失败的一个重要后果就是俄国女皇伊丽莎白在1743年要

求瑞典立阿道夫·弗雷德里克为王储。次年,阿道夫·弗雷德里克和普鲁士国王腓特烈大帝的妹妹卢维沙·乌尔里卡结婚。阿道夫·弗雷德里克的父亲克里斯蒂安·奥古斯特是石勒益苏格—荷尔斯泰因公爵、吕贝克亲王主教、荷尔斯泰因—戈托普公国摄政,母亲阿尔贝蒂娜·弗雷德里卡是瑞典古斯塔夫·瓦萨的后人,也是卡尔十世妹妹的后人。他父母都有荷尔斯泰因—戈托普血统,他的祖先包括中世纪时北欧三国的国王。对于没有子嗣的瑞典老国王黑森的弗雷德里克而言,阿道夫·弗雷德里克的继位具有一定的合理性。阿道夫·弗雷德里克 (Adolph Frederick, 1751—1771年在位)的上台换取了俄国同意与瑞典和谈并签署《奥布合约》,但是阿道夫·弗雷德里克并不想做俄国的棋子,他很快就断绝了与俄国女王伊丽莎白的密切联系。然而,在他执政的20年中,政绩平平。王室深受议会派系斗争的困扰,他曾两次试图努力摆脱议会对他的监管,但都效果不佳。第一次是在1755年,在其王后的影响下,曾发动政变,但这个计划胎死腹中。第二次是在其长子古斯塔夫王储的协助下,虽然结束了“便帽派”专权,但王室仍未获得实质性的胜利。尽管如此,阿道夫·弗雷德里克一生扮演了一位亲民的好国王的角色,善待妻儿和奴仆,在民众中口碑不错,以至于当他因一餐吞食太多食物而猝死后,瑞典人民还多少有些惋惜。

需要特别一提的是,在阿道夫·弗雷德里克在位期间,他曾修建了一座闻名遐迩的中国宫作为献给王后的生日礼物。这座宫殿始建于1753年,把中国和西欧的建筑风格巧妙地融为一体,迎合了18世纪欧洲的“中国热”。当时北欧与中国的远程贸易已经达到了一定的规模,瑞典商船从中国广州运回了大量的瓷器、茶叶、丝绸、家具和各种手工艺品。中国宫成为收藏这些异域来货的一个家园。中国宫规模不大,但是却设计精巧。中间是两层高的主殿,每层分为前殿和后殿,各有五六个房间。主殿两侧为回廊,各自连接着一座副殿。整体上看,整座宫殿呈弓型。建筑外部有雕龙等中国风格的装潢, 建筑的内部则完全是来自中国的各种摆设和书画。主殿二楼还有回音壁和回音台,他的结构同北京天坛的回音壁完全相同。走进去如同进入了北京故宫的微缩景观。据说这座宫殿落成后，瑞典人都穿上了中国的衣服，当时的小王储还打扮成清朝官吏的模样，王后大为惊喜。这座宫殿最初为木质结构，后来重建为土石结构，得以保存至今，成为斯德哥尔摩的名胜。

古斯塔夫三世

阿道夫·弗雷得里克的儿子古斯塔夫三世(Gustav III，1771—1792年在位)即位后，利用贵族和另外3个等级(教士、市民和农民)之间的矛盾，果断地发动了一场政变，用军队胁迫各个等级的代表放弃权力，并强加给他们一部新的《政府文约》。这部文约重新强调了国王至高无上的原则，强调国王拥有排他性的统治权，参政会再次被降低为咨询机构，但是议会仍保留了税收和某些立法权。

重振王室雄风的古斯塔夫三世还想乘胜追击，试图在瑞典国内推行经济改革、土地改革(允许农民买卖土地)、废除苛刑、提倡新闻自由并推行宗教宽容。但是这些举措的影响远不如他在扶植文学和艺术发展方面的贡献。古斯塔夫三世早年曾在巴黎访问，陶醉于启蒙时代的文化繁荣，他即位后先后建立了瑞典的语言学院，文学、历史和文物学院，音乐学院以及美术学院、王家戏剧院、王家歌剧院和王家芭蕾舞团。他还在1786年仿照法兰西学院模式成立瑞典学院，以保持瑞典语的纯正、气势和高贵。他本人也曾从事过戏剧创造和历史写作。

但是爱好戏剧的古斯塔夫三世自己也成为了一场戏剧中的主角，他的生命最后终结在了“歌剧悲剧”和“政治悲剧”的交汇点上。当法国大革命处死了他的朋友路易十六后，他曾准备讨伐革命的法国。1792年3月16日在他参加一场夜间的化装舞会前夕，有人曾告密说，当晚会有人对他下手，古斯塔夫三世听后一笑置之，因为类似的谣言已经不知有

威尔第的歌剧《假面舞会》剧照

多少了,却从未真实发生。当天晚上,舞会进入高潮,突然有人在背后向国王开了一枪,顿时场面大乱,谣言变成事实。凶手后来被证实是大贵族皮萨林将军的部下。13天后,古斯塔夫三世医治无效,在痛苦中辞世。他临终前曾留下两句话:杀死他的是法国的雅各宾派,宽恕杀他的人。但是,瑞典政府还是严惩了凶手。凶手带镣铐示众后接受了3天的鞭刑,然后被砍头分尸投入大海。1859年,朱塞佩·威尔第根据这一遇刺事件创作了著名的歌剧《假面舞会》,可惜这出好戏,古斯塔夫再也不能亲眼得见了。

八、君主立宪政体的建立

古斯塔夫四世·阿道夫

古斯塔夫三世遇刺后的几十年中,瑞典的政治发展越来越走向宪政的道路。古斯塔夫四世·阿道夫(Gustav IV Adolph,1796—1809年在位,其中1792—1796年间为卡尔公爵摄政)继位后,既反对法国大革命也反对拿破仑。瑞典参加了反拿破仑联盟,这也是瑞典最后一次卷入战争,其结局是瑞典丢掉了芬兰,取得了挪威(虽然挪威最终还是在1905年与瑞典分道扬镳)。自1814年后,瑞典决定远离炮火,恪守中立。

这一政策延续至今,20世纪的两次大战中，瑞典也未遭战火的蹂躏。

卡尔十三世

在这次战争的过程中,1809年3月，瑞典部队中的军官团和部分年轻贵族联合发动了政变，罢黜了古斯塔夫四世·阿道夫，要求实行立宪制政府。他们召集议会,制定了一部新宪法(这部新宪法一直沿用到1975年)。1809年的6月，四级议会正式通过这这部新的《政府文约》。这一文约依照孟德斯鸠的分权思想，对国王、参政院和议会的权力做了明确的划分。议会和国王之间的制衡关系得以在法律上最终确认。不久,古斯塔夫四世·阿道夫的弟弟被推上王位,史称卡尔十三世(Karl XIII,1809—1818年在位)。瑞典正式进入君主立宪制时期。

第八章
瑞典皇室:走向现代的贝纳多特王朝

一、从法国元帅到瑞典国王

二、奥斯卡一世的现代意识

三、古斯塔夫五世与宪法危机

四、古斯塔夫六世的皇室保卫战

五、不落伍的卡尔十六世·古斯塔夫国王一家

一、从法国元帅到瑞典国王

法国元帅让·巴普蒂斯·贝纳多特，即后来的瑞典的卡尔十四世·约翰

1807年，《提尔西特条约》签订后，俄国突然改变立场，与法国结盟。瑞典受到了孤立，在南部和东部有腹背受敌的危险。更糟糕的是1808年2月俄国企图入侵瑞典，当时俄瑞双方兵力分别是2.4万人和1.6万人，瑞典的援军由于波罗的海封冻的缘故，无法进行有效的支援，使得战争的形势越发对瑞典不利。瑞典军本想苦撑到春天等待南下，但是意外发生了，驻扎在斯韦堡要塞保护赫尔辛基的7000军队突然投降，这对瑞典是个致命的打击。到了1809年3月，形势继续恶化，芬兰南部沿海地区继续受到俄国的侵扰，俄国沙皇亚历山大一世迫使该地区的地方权贵在波尔沃(Porvoo)召开会议，接受沙皇为大公。正式的合约在1809年9月17日签署，瑞典将失去对芬兰的控制。

徒然丧失将近三分之一的国土，令瑞典内部的许多军官对国王的软弱异常不满。他们策划了一场政变，由出生于芬兰的瑞典上校卡尔·约翰·阿德勒克鲁茨(Carl Johan Adlercreutz)带领，罢黜了国王古斯塔夫四世·阿道夫，瑞典国会也正式剥夺了其后代的继承权。阿道夫最后流亡瑞士的圣加伦(St Gallen)，客死他乡。旧国王的叔叔卡尔公爵由摄政王被推举为正式的国王，被称为卡尔十三世(Karl XIII，1809—1818年在位)，但是此时他已经上了年纪，而且没有合法的后嗣，出于国家利益的考虑，不得不收养丹麦王子基督徒奥古斯特·冯·奥古斯腾堡(August von Augustenborg)为继承人。但是不幸再次降临，瑞典借此拉拢丹麦的计划随着这位王储的暴卒而宣告失败。1810年5月，在这位早夭王储的出殡仪式上，甚至发生了大规模的群众骚乱，人们质疑王储的死因，虽然官方消息是突发中风，自然死亡，但是因为当时的国家警察局长与被罢黜的旧国王古斯塔夫四世·阿道夫的皇后过往甚密，所以各种流言铺天盖地。骚乱最终平息了，但是瑞典皇室的未来由于缺乏子嗣而变得异常令人担忧。卡尔十三世国王带着“白发人送黑发人”的伤感，迫于险峻的政治压力，不得不把目光投向了能给瑞典带来军事转机的法国元帅让·巴普蒂斯·贝纳多特(Jean Baptise Bernadotte，1763—1844年)。

贝纳多特是个地道的法国人，没有一点儿北欧血统。瑞典王室对于出身和血脉的轻视在欧洲历史上是罕见的。或许，这种面对冷峻现实的实用主义风格，是北欧人特有的冰雪理性的反映，也构成了瑞典皇室“冰火传奇”中独特的篇章。贝纳多特执政后不仅在一定程度上拯救了政治危局，也将法国人对于艺术和建筑的热情与激昂，带入了冰雪覆盖的北欧。

贝纳多特出生于法国波城的一个律师家庭，虽然他的平民出身使得他在贵族圈里不受欢迎，但是凭借着英勇善战和足智多谋，他在欧洲军界享有美名。最初他在路易十六的步兵团担任下级军官，大革命爆发后，他开始追随拿破仑一世，1794年被擢升为将军，1804年获得元帅的称号。青年时代的贝纳多特是位共和党人，据说他手臂上刺有刺青“暴君亡”3个字。随着拿破仑在政治立场上从先进转向保守，他也开始日渐与之产生嫌隙。以至于在拿破仑对外扩张的战争中，表现越发消极。到了1806年10月，在耶拿—奥尔斯塔特会战中，虽然距离战场只有7英里，但他拒绝援助友军，造成巴黎当局对他极为愤怒。由于他的妻子欧仁妮·黛丝蕾·克拉里曾是拿破仑的初恋情人，拿破仑对早年背弃婚约心存愧疚，作为补偿，他赦免了贝纳多特，使之免于遭受军事法庭的审判。但是自此之后，贝纳多特在法国政界已经开始走下坡路。

1810年贝纳多特准备远赴罗马担任总督时，却突然接到了瑞典方面的邀请，希望他能入主北欧，以军界强人的姿态拯救瑞典危局。瑞典人选择贝纳多特，也与他早年在战争中对瑞典战俘的友善以及他政治立场上的左倾有密切关系。起初这个动议来自瑞典大臣卡尔·奥托·莫尔奈的一己之见，贝纳多特试探性地将这个意思转告给了拿破仑，拿破

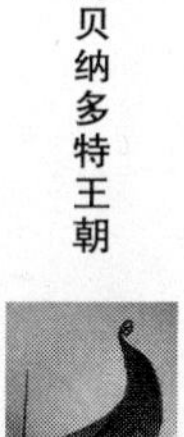

仑也觉得瑞典人的主意有点儿荒唐，但是如果北欧能建立一个类似华沙大公国的亲法的傀儡政权，未尝不是件好事。所以拿破仑明智地选择了不置可否，既不公开支持，也不私下反对。贝纳多特就顺水推舟，表达了北上的决心。1810年11月2日贝纳多特抵达了斯德哥尔摩，11月5日，他接受了瑞典议会的拜谒，并正式被卡尔十三世国王收为养子，自此以后他改名为卡尔·约翰王储，并放弃天主教信仰，改信仰路德新教。此外，他还放弃法国蓬特·科沃亲王的头衔，以示效力瑞典的决心。

贝纳多特以王储身份执政后，并没有按照瑞典人的本意收复芬兰，也没有按照拿破仑的意思将瑞典变为法国的傀儡，相反他有他自己的打算。1812年，贝纳多特与俄国沙皇亚历山大一世在土尔库会晤，把俄国从瑞典的敌国变为了盟国，不再提收复芬兰的旧事，而转而集中精力征服挪威。后来在法国入侵俄国的时候，贝纳多特公开地与法国决裂，甚至帮助了俄国在莱比锡战役中打败了拿破仑。他写给拿破仑一封信，信中说："政治上不存在友谊和仇恨，除了听候命运之神的差遣之外，我对祖国再无义务。"自此这位改名换姓的法国元帅真正融入到了北欧政治文化的血脉中，获得了北欧人的认可和信赖。

1814年，贝纳多特成功地从丹麦手中获得了挪威，并通过《基尔条约》予以确认，他也被授予挪威的王冠，史称挪威的"卡尔三世·约翰"。到了1818年瑞典老国王谢世，贝纳多特正式由瑞典的王储晋升为国王，史称瑞典的"卡尔十四世·约翰"。之后他一直执政到1844年，才以81岁的高龄因中风而谢世。他的子孙继续继承了瑞典的王位，由此，历史上称他所开创的王朝为"贝纳多特王朝"，这一王朝一直持续到了今天。随着后世子孙不断地与北欧人联姻，这个最初的外来者成功融入了北欧的皇室圈子，而且也为之带来了斯堪的纳维亚之外的法国气质，造成瑞典皇室独特的包容和叛逆性格。

整体说来，告别瓦萨王朝的瑞典，是在贝纳多特王朝时代才开启它的现代化进程的。贝纳多特的传奇，给瑞典政治留下了显著的烙印。首先，贝纳多特执政后奉行中立的外交政策，使得北欧的"泛斯堪的纳维亚主义"盛行，北欧国家日渐寻求自身的联合与结盟，不再试图卷入西欧和东欧主要国家的争霸战争中去。1814年订立的瑞典—挪威联盟一直持续到了1905年。贝纳多特的儿子奥斯卡一世执政后期,也停止了亲俄的策略,更加聚焦北欧内部的团结。其次,在贝纳多特主政瑞典期间,贝纳多特与他的法国妻子,成功地将先进的法国文化注入了相对落后的瑞典,使得瑞典不仅在政治上更加独立,在文化上也更加现代。

说到贝纳多特的妻子欧仁妮,这又有一段不得不说的故事。拿破仑晚年被放逐孤岛时,曾在自传中饱含深情地写道:“欧仁妮·黛丝蕾·克拉里是拿破仑的第一个爱人。”这句话由拿破仑的弟弟征求了时任瑞典皇后的欧仁妮的许可,得以保留并随着自传的出版而公开发表。欧仁妮原是法国南部一个小绸缎商人的女儿,在14岁的时候偶然与穷小子拿破仑相遇,在她的引荐下她的姐姐朱莉和拿破仑的哥哥约瑟夫相识并顺利完婚。在哥哥的婚礼上,拿破仑表示已经向欧仁妮求婚,并获应允。但是欧仁妮的父母见当时的拿破仑身材矮小,其貌不扬,在政治上也未发迹,就以欧仁妮年纪尚小为名,说要等到欧仁妮满16岁时再让两人正式结合。不久,拿破仑接到上级命令要他去旺代追捕几名保皇党人,年轻气盛的拿破仑认为不让他上前线这是对一个有远大志向的军人的侮辱,欧仁妮本想借机让拿破仑退役,在乡下安居,但是野心勃勃的拿破仑说:“欧仁妮,你疯了吗?难道你以为我可以住在农场里寂寂无闻或者帮你哥哥去店里卖女人用的缎带吗?”欧仁妮虽然黯然神伤,但还是支持了拿破仑的选择,她将自己的全部私房钱98法郎给了拿破仑,在自己未来的嫁衣上刺上了无数个字母B——拿破仑名字中波拿巴的首字母,等待着拿破仑的归来。但是,不久她等到的却是拿破仑被囚的噩耗,痴情的欧仁妮用泪水博得了城防司令的同情,为拿破仑送去了一个包裹。后来拿破仑在回忆此事时说:“那时欧仁妮的包裹送来的是柔情,是勇气,是力量,是我挣脱锁链的信念。”出狱后的拿破仑再次向欧仁妮求婚,但是欧仁妮以为还没满16岁,可以等等再说。没想到欧仁妮的这个轻率决定,却就此改变了两人余生的命运。就在同一年,试图大展宏图的拿破仑进入了巴黎的社交圈,结识了权倾一时的寡妇约瑟芬,在后者的帮助下,拿破仑获得了政治上的擢升,作为报答,拿破仑背弃了他对

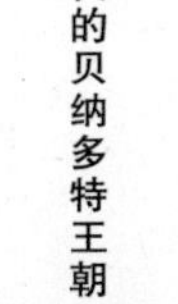

欧仁妮的誓言,决定迎娶约瑟芬。欧仁妮得到消息,痛苦不堪,她跑到巴黎拿破仑与约瑟芬的订婚酒会处,由于没有邀请函被拦在了门外。历史就是这么富有戏剧性,当时身材高大的贝纳多特将军恰巧出现,对这个陌生少女伸出了援手,用他的邀请函带欧仁妮进入了会场。当拿破仑当众宣布要同约瑟芬结合时,欧仁妮愤怒地将杯中的红酒洒在了约瑟芬洁白的舞裙上,然后愤然离去。在大雨中绝望至极的欧仁妮本想投河自尽,却被紧随其后的贝纳多特将军一举拦下。贝纳多特被这个性情刚烈的少女所吸引,随即向其求婚,但心灰意冷的欧仁妮却拒绝了,她任性地说:“一个女人一生只能爱一次。”在随后的4年里,贝纳多特和欧仁妮不曾再遇,拿破仑也迎来了政治上的春天,日渐走向权力的巅峰。1798年,贝纳多特和欧仁妮再次相见,欧仁妮平复了昔日的伤痛,嫁给了这位善良的将军。后来,滑铁卢之战拿破仑惨败,新的临时政府决定邀请贝纳多特的夫人欧仁妮去拿破仑那里劝其下台。拿破仑感慨万千地说:“我没有让你成为法国皇后,但是贝纳多特救了你,你却成为了瑞典皇后,这岂不是造化弄人?”欧仁妮异常平静地说:“不,这只是巧合而已。”两人冰释前嫌,拿破仑把象征权柄的滑铁卢宝剑递到了欧仁妮手里。

关于这段儿女情长的种种流言后来在欧仁妮的回忆录《我与拿破仑》一书中获得了尘埃落定的版本,但是命运的玩笑让欧仁妮错过了短命的拿破仑王朝,却成为延续至今的贝纳多特王朝的开国之母,她的子孙时至今日还继续统治着瑞典,成为欧洲少有的几个长命的皇族。

书归正传,欧仁妮和贝纳多特夫妇入主瑞典后,把法国人特有的热情和活泼带入了北欧人的生活中。英勇善战的贝纳多特自比北欧神话里的战神奥丁,象征他对强大军事力量和至上政治权力的掌控。在瑞典文化现代化的路途上,这对夫妇以他们特有的激情和锐气为瑞典社会留下了独特的文化景观。贝纳多特即位后,在很大程度上引导瑞典从对意大利艺术的崇拜转向对法国艺术的追求。他首先将艺术家和雕塑家学院更名为自由艺术学院,并为其捐资一万瑞典克朗。他还亲自监工督建了新罗森达尔宫。这座宫殿位于斯德哥尔摩郊外的皇家鹿苑,由瑞典建筑设计师弗雷德里克·布鲁姆(Fredirk Blom)在国王夫妇的授意下参照法国的马尔梅松宫制式建造，后者曾是约瑟芬皇后在巴黎郊外的行宫。这座宫殿在当时曾享誉整个欧洲，因为他完美融合了新古典主义、哥特式风格和古老的斯堪的纳维亚元素。这种兼容并包的建筑式样反映了贝纳多特试图将欧洲大陆古老的希腊和罗马艺术传统与相对年轻的北欧当地艺术锻造为一的艺术理想。此外，他还在乌普萨拉大学里建立了瑞典最大的图书馆，其内部装潢也把罗马人西塞罗(Cicero)的雕塑和古斯堪的纳维亚神海姆道尔并陈。1823年，贝纳多特的这种文化理想和艺术倾向也通过挪威王宫的建设获得了彰显。这座王宫坐落于今天的奥斯陆市中心的制高点上，王宫主殿门前还有这位瑞典和挪威共同的国王卡尔·约翰的马上铜像。宫殿外一条长达1300米的街道，也被命名为卡尔·约翰街，这条街是当今挪威最繁华的街道，其地位如同巴黎的香榭丽舍大道和纽约的第五大道。

可以说这位前法官元帅入主瑞典，使得瑞典在军事上转向中立，在文化上转向亲法，他成功地改造了北欧的政治文化生态。在随后的岁月里，北欧人日渐忘记了贝纳多特这个名字，他们只记得的是卡尔·约翰。著名雕塑家约翰·尼克拉斯·毕斯壮(Johan Niklas Bystrom)的伟大作品《作为战神的卡尔·约翰》现放置于斯库克洛斯特城堡，其地位如同现藏于弗洛伦萨艺术学院的米开朗基罗笔下的大卫，为后世敬仰，成为一种王者的典范。

二、奥斯卡一世的现代意识

卡尔十四世·约翰去世后，他唯一的儿子约瑟夫·弗朗索瓦·奥斯卡·贝纳多特登基，史称奥斯卡一世(Oscar I，1844—1859年在位)。这位王子早年随母亲在巴黎生活，11岁时抵达斯德哥尔摩，迅速学会了瑞典语，并因其聪敏好学受到贵族和朝臣的吹捧，在父亲登基后，也成为了父亲的心腹和助手，并曾两度出任挪威总督。但是相对于父亲的老派，奥斯卡一世受到更多自由主义思想的影响，具有强烈的革新精神。1839年，奥斯卡还是王储时就发表了一系列关于大众教育的文章，并在1841

奥斯卡一世

年发表匿名著作《论刑罚和监狱》，鼓吹监狱改革。这一时期老国王卡尔十四世的某些内政和外交政策在国内引发了广泛争议，作为反对派的自由党趁机发难，要求政府人事变更，甚至鼓动议会通过决议试图逼国王退位。身为王储的奥斯卡曾一度支持反对党的言论，这令老国王怀疑他与自由党人勾结篡位，父子关系一度跌入低谷。但是随着两人的冷静思考和王储妃的斡旋调停，父子再次和好。奥斯卡继位后，并没有马上满足自由党人的意愿，而是行事温和谨慎，稳定时局后才施展他的宏图大略。

在位期间，他对瑞典社会进行了全面的现代化改造。铁路、电报、邮票、十进制等新生事物、新思想和新发明得以推广。瑞典还开凿了运河，并在1856年做出了修建全国铁路干线的规划。诸多基础设施的兴建，为19世纪后半叶瑞典的工业化起飞奠定了坚实的基础。这一时期，拉斯·麦努斯·爱立信创办了以他家族姓氏命名的工厂；亚历山大·贝尔由于发明了电话而被授予专利；古斯塔夫·德·拉瓦尔发明了从牛奶中分离出奶油的分离器；1892年第一个公共发电厂开始向斯德哥尔摩提供能量，此时，斯德哥尔摩成为拥有最高技术水平的欧洲城市。

奥斯卡一世的现代意识特别体现在他的多项社会改革上。1845年，瑞典议会通过《妇女继承权法案》，规定两性在法律上平等，大大提高了瑞典女性的社会地位。1846年，废除行会制度，行会被向所有人开放的工厂和手工业者联合会所取代。过去，工匠和贸易者只能在城市开业，改革之后，他们可以深入到广大的乡村地区。1847年，通过了《贫困法》，在世界上第一次以法律的形式规定了社会对贫困人口承担的义务。

1866年为了回应自由派的政见，奥斯卡一世的继任者卡尔十五世还批准了《议会改革法案》。自由派主张废除15世纪以来实行的四级会议和贵族特权，《议会改革法案》最后体现了保守派对自由派的妥协。改革后的议会由平等的两院组成。一院(上院)主要代表上层阶级利益，由大地产所有者、高级官员、城市富商和大资本家的代表构成，议员任期9年，每年改选九分之一，候选人的资格——如收入和财产等——有严格的规定。二院（下院）由国民直接选举产生，候选人资格方面的限定相对宽松。自耕农的代表在二院中具有决定性的影响，他们后来演变为农民党。

奥斯卡一世在外交政策上奉行国族原则主张“斯堪的纳维亚国家利益至上”。在1848年的第一次石勒苏益格战争中，他支持丹麦反对普鲁士，并在1848年到1850年间向菲英岛和北石勒苏益格派兵；参与斡旋了1848年的马尔默停战；1852年在签署伦敦协议时，作为保人确保了丹麦的领土完整。他一直在积极筹划，希望能把3个斯堪的纳维亚王国置于一个王朝联盟中。他的继任者卡尔十五世（Karl XV，1859—1872年在位）早年继续了他的这一政策，但是在1864年的普鲁士—丹麦战争中，面对强大的普军，瑞典没能履行自己的诺言，斯堪的纳维亚主义的外交政策受到了挫败。之后，在普奥、普法战争中德国统一，改变了欧洲大陆的版图和政治态势。在普法战争中，瑞典也保持了中立。等到了1872年，卡尔十五世去世后，他的弟弟奥斯卡二世（Oscar II，1872—1907年在位）登基，瑞典一改过去的外交倾向，对俾斯麦建立的统一的德国表示同情和亲近。加之，19世纪90年代，由于沙俄在其统治下的芬兰实行俄罗斯化的政策，瑞典挪威联盟中存在矛盾，更刺激了瑞典亲德外交的发展。与此同时，瑞典国内兴起了反对德意志民族主义的声浪，两股力量的对立，使得进入20世纪后的瑞典基本保持了中立主义的外交立场。

三、古斯塔夫五世与宪法危机

古斯塔夫五世国王（Gustaf V，1907—1950年在位）是奥斯卡二世国王和王后索菲亚的长子，他在1881年迎娶了巴登大公的女儿维多利亚公主，从而使得贝纳多特王室和以前的荷尔斯泰因—戈托普王朝有了真正的血缘关系。他在位时间达43年之久，是瑞典历史上统治年限第二长的国王，仅次于马格努斯四世。他也是瑞典王室最长寿的国王，活到了92岁。他体态又高又瘦，喜欢带着夹鼻眼镜。他因第二次世界大战中

古斯塔夫五世

亲德的立场而饱受争议，他是最后一个兼任瑞典武装部队总司令的国王，而且这一权力是在他亲政后的1939年被剥夺。他是1210年以来，瑞典第一位没有在继位后接受宗教仪式加冕为王的君主。他还是一个专业的网球手，曾开办了瑞典第一个网球俱乐部，1936年还成立了国王俱乐部。在前往德国柏林访问期间，因为想与犹太网球手打球，古斯塔夫五世曾闯进了希特勒的办公室，试图说服后者软化对犹太人的迫害。在他去世后，他入选了国际网球名人堂。

古斯塔夫五世在位的近半个世纪是瑞典从封建贵族政治向资本主义民主政治转型的确立期和完成期。1907年议会两院通过了《选举法》，1909年国王批准了这一法案。该法案规定，下院通过男性普选产生，地方政府议会选举中减少按财产分配的名额。1911年选举是按照新法律进行的第一次选举，也是自由党人取得大胜利的一次。自由党领袖卡尔·斯塔夫(Karl Staaff)组阁。尽管在上院中，保守的右翼势力仍然占据多数，古斯塔夫五世也曾拒绝承认该内阁，但是这次选举标志着议会民主制成为不可逆转的发展趋势。

古斯塔夫五世和维多利亚王后

卡尔·斯塔夫上台的一个重要政纲是他的裁军立场，而古斯塔夫五世由于受到同盟国和协约国间战争威胁的压力，大力鼓吹增加军事拨款，延长240天军役期。两派形成一种对峙态势。在右翼力量的策划下，1914年2月6日，3万多农民从全国各地聚集到斯德哥尔摩，他们在王宫前的广场上举行“农民大集会”，支持国王增强国防力量的立场。古斯塔夫五世在王宫庭院

卡尔·斯塔夫和他的内阁

的阳台上向集会农民发表演说，公然同首相大唱对台戏。他甚至不顾议会多数人的反对，企图以强硬立场推行自己的意见，这是有违于君主立宪制的宪法的，这使得卡尔·斯塔夫内阁抓到把柄，要求国王履行他的义务：宣布自己的言论如果未经内阁通过，不具有国家法律效力。古斯塔夫五世断然拒绝，由此瑞典爆发了宪政危机。

双方僵持不下，进行了长期而艰苦的谈判。最终古斯塔夫五世占据了上风，他指派了思想保守的高级文官雅尔马·哈马舍尔德组阁。由于缺乏议会支持，从而无法获得合法性，哈尔舍尔德内阁完全听命于国王，第一项措施就是解散下院，举行选举。但是这场选举产生了戏剧性的后果，瑞典社会民主党成为了下院中的最大政党。由于哈马舍尔德内阁无法在议会下院获得多数支持，王室场面尴尬，陷入危机。有人甚至提出要求国王退位，建立共和国的主张。事态继续峰回路转，1914年6月萨拉热窝的枪声挽救了瑞典君主制，因为事实证明，国王在国防上的意见的确比自由党人卡尔·斯塔夫和社会民主党人更有远见。第一次世界大战的爆发，激励瑞典国内的各个派别消除分歧，一致同意加强国防建设。国王的违宪行为也没有再受到追究。宪政危机不了了之。

1914年，古斯塔夫五世和丹麦国王克里斯蒂安十世、挪威国王哈康七世以及三国的外交部长在瑞典马尔默开会，决定三国一起奉行中立政策，哈马舍尔德内阁宣布将严格恪守《海牙公约》中规定的中立国对交战双方完全不偏不倚的政策，同时宣称自己有权与交战双方进行贸易。由于封锁德国是协约国对付同盟国的最有效手段,因此,瑞典形式上的中立实际上对德国有利。这也导致了协约国加强了对瑞典在大西洋上的海上贸易的控制,最终实行完全的封锁。这一时期,造成了瑞典的粮食短缺。斯德哥尔摩和哥德堡曾爆发抢夺食物的骚乱。保守的哈马舍尔德内阁下台。在1917年9月的选举中,主张议会民主制度的自由党和社会民主党人获得多数席位,国王不能再制裁左翼了。新内阁由自由党人、大学教授尼尔斯·埃顿担任首相。社会民主党人第一次入阁,有4人担任部长,这也是社会民主党崛起的一个重要阶段,此后社会民主党在瑞典的政治生活中发挥了越来越大的影响。1918年到1921年间,瑞典议会又对既有的法律做了修正。1917年内阁和这次修宪标志着瑞典议会民主制度的最终确立。

四、古斯塔夫六世的皇室保卫战

古斯塔夫六世 (Gustaf VI Adolf,1950—1973年在位)1950年登基时已经68岁,过了退休年龄,但是同他的父亲一样他很健康,一直活到了91岁,所以仍然执政22年。在他在位期间,瑞典的社会民主党政府一直在研制一部新宪法,以取代1809年沿用至今的老宪法。1954年,宪法起草委员会开始工作,1963年提出草案。草案规定瑞典国制为君主立宪制,保留君主,每届政府的首相在名义上由君主任命。但30名社会民主党议员联名反对,主张成立共和国。他们的反对意见曾一度获得上下两院的多数。这样看来,古斯塔夫六世有可能成为末代国王。但社会民主党中另有一派人又坚持认为瑞典有“协商妥协,不走极端”的中庸传统,彻底取消君主制有悖于这个传统。而且他们也认为君主立宪有其可取之处。希望政府能以全民公决的形式来投票决定王室的存废。但是社民党人和

古斯塔夫六世

上下两院就全民公投问题依然无法达成共识。最后拖延到1971年，宪法委员会提出了一项折中方案，保留君主，但君主不再拥有任何政治权力，只是象征性担任国家元首，担负一些礼仪性的外事活动。这个方案最终为各派所接受。在这场较量中，古斯塔夫六世起到了关键作用，他以其平民化的风格以及德高望重赢得了各派的支持。有评论甚至指出："古斯塔夫六世从未争夺过权力，从未制造过麻烦，从未有过绯闻，他只是低调地以勤勉学者的形象出现在世人面前，他的人格魅力可以将最激进的左派和社会主义者——无论他们原则上是多么坚定的共和主义者——都变成实践上的保皇派。"古斯塔夫六世每天早上像所有普通的瑞典人一样只身外出散步，和蔼地跟路人点头致意。举止安详、心态平和，深受瑞典平民的爱戴。

古斯塔夫六世还是一位杰出的考古学家和艺术品鉴赏家。15岁时，他对考古发生兴趣，进入乌普萨拉大学跟从考古学名家奥斯卡·阿姆格林学习。1902年在乌普萨拉郊外发掘出青铜武器和饰品，日渐在考古学界崭露头角。1904年他去埃及考察时，遇到了后来成为他夫人的英国玛格丽特公主，次年两人在英国的温莎宫喜结连理。他的祖父奥斯卡二世送他的新婚礼物是一对10世纪的中国瓷器，他如获至宝，爱不释手。从此，爱上了瓷器收藏。1914年，在他的大力推动下，瑞典国家博物馆举办了首个从青铜时代到19世纪的中国艺术品展览，他自己也拿出了很多从伦敦、柏林购买来的私人藏品。他还曾组建中国委员会，使得瑞典成为中国境外搜集中国瓷器器具最完整的国家。在1926—1927年的环球旅行中，他曾到访过中国北京，见到了发现仰韶遗址的安德松，并参观了故宫的珍贵收藏。他在东亚考古和艺术鉴赏方面获得了很高的学术赞誉，也成为了中国文化的积极传播者。

五、不落伍的卡尔十六世·古斯塔夫国王一家

卡尔十六世·古斯塔夫(Carl XVI Gustaf，1973年登基至今)，确切地说继承的是他祖父的王位，因为他的父亲前王储早在1947年就因飞机

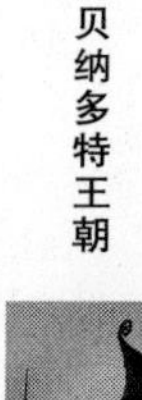

当今的瑞典国王卡尔十六世·古斯塔夫

失事而离世。他自幼接受了系统的宫廷教育，高中毕业后进入军队服役，并在国防大学接受军官训练。还曾在乌普萨拉大学和斯德哥尔摩大学攻读历史学、社会学、政治学和经济学。毕业后从事瑞典社会的研究工作。他拥有海陆空三军的最高级军衔，但实际军权和政权则完全由国会和政府掌握。他立志做一名不落伍的国王，其座右铭是“为了瑞典，与时代齐步并行。”1976年卡尔十六世与德国人西尔维娅结婚。王后是典型的平民出身，她的父亲是德国商人，母亲是巴西人。王后在童年时，曾在巴西生活过11年，后来毕业于德国慕尼黑的翻译学校，能讲至少6门语言。1972年在慕尼黑举行的奥林匹克运动会上与国王偶然相识。当时的卡尔·古斯塔夫号称“欧洲第一浪子”，西尔维娅当时已经29岁，比卡尔·古斯塔夫还大3岁，但是她没有急于结婚，而是细水长流的谈了4年恋爱，让这位浪子回头。1973年卡尔·古斯塔夫即位，1976年，卡尔十六世迎娶了这位多年的恋人。当时斯德哥尔摩城几乎完全被鲜花淹没，当西尔维娅出现在电视上时，瑞典人惊讶于这个德国姑娘流利纯正的瑞典语。大婚过后，这位平民王后依然过着简朴的生活。由于王夫需要纳税，她在持家上也很会精打细算。国王夫妇把四辆古式四轮马车拍卖掉，每辆买了20万瑞典克朗。用拍卖的钱他们装修了每年去颁发诺贝尔奖时乘坐的御用马车。1985年夫妇俩到访日本时，没有乘坐专机，而是像所有平民般搭乘普通航班。下飞机时，正好下雨，他们合撑一把伞从容优雅的走下飞机，毫无王家出行的气派和虚荣。

随着社会的进步，女权运动的发展，特别是女性在瑞典社会中地位的提高，1980年瑞典新宪法做了修改，规定国王的头生孩子不管是男孩儿还是女孩儿都可以继承王位。所以卡尔十六世和西尔维娅的第一个孩子维多利亚公主目前是瑞典排在第一位的王位候选人。她曾在1996

当今瑞典国王夫妇和他们的长女维多利亚公主

年去法国学习法语和文学，就读于昂热的天主教大学，并寄居在普通百姓家里。时常穿着毛衣和工装裤，是一个标准的好学生。但是22岁回到瑞典后，她不幸罹患当年英国王妃戴安娜所患的厌食症，这是一种代谢失调或精神负担过重而引起的症状。维多利亚对此病不以为然，决定继续去美国耶鲁大学求学。两年后，她克服了厌食症的困扰，恢复了健康。2002年，维多利亚与大她4岁的健身房形体教练韦斯特林相识并恋爱。韦斯特林出生于瑞典中部的一个海边小城，在斯德哥尔摩拥有一家私人健身会所。他在被问及同公主的爱情故事时说："你们都听过青蛙王子的故事吧，青蛙本来就不是王子。但是，我想和大家说一说。维多利亚公主经常有公务在身，所以，难免分开。但分开时间最长的一次是公主到中国去实习一个月。临行前的那个晚上，她本来应该好好休息，可是她一夜没睡，而是写了30封信。第二天公主把一个大盒子信交给我，每天一封，是这样的表达方式使我感动。但青蛙依然不能变成王子，最后还是要感谢国王和王后的慈爱和慷慨，才使青蛙实现了王子的转化。"维多利亚公主和韦斯特林在2009年2月宣布订婚，2010年6月正式在斯德

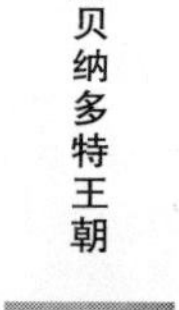

哥尔摩大教堂踏上红毯，他们的主婚人瑞典大主教也是1976年给卡尔十六世国王夫妇主婚的那位。由于曾多次到访中国，而且瑞典王室也有热衷中国瓷器的传统，维多利亚公主在中国河北省的唐山陶瓷厂制定了5万套印有公主和未婚夫照片的陶瓷制品作为大婚的礼物，馈赠观礼的嘉宾。2012年2月23日，维多利亚公主产下一名小公主，如果今后维多利亚能顺利即位，她将成为下一位瑞典女王。

瑞典女王储维多利亚公主下嫁健身教练韦斯特林

第九章
丹麦皇室：古王朝和卡尔马联盟时代

白色区域为今日的丹麦王国的疆域

丹麦位于欧洲北部波罗的海到北海的出海口处，面积约为中国海南岛面积的两倍，是北欧最小的国家之一。丹麦本土包括与欧洲大陆相连的日德兰半岛，以及其他406座大小不等的岛屿。其中，面积最大、人口最稠密的岛屿是西兰岛、菲英岛和“孪生兄弟”洛兰–法尔斯特双岛。丹麦北部、东北部与瑞典、挪威隔海相望，南部与德国接壤，是一座联接斯堪的纳维亚半岛和中欧的陆地桥梁，也被称为“日德兰桥”。在地理、文化和商业上是联结北欧和欧洲大陆的重要枢纽。古高德语中，“den”为“沙滩、森林”之意，“mark”为“土地、国家”之意，丹麦的国名意为“丹人居住的土地或多沙滩的国家”。

考古发现表明早在12万年前，丹麦境内就有人类活动的迹象。在日德兰半岛南部的一条河谷冰渍层中，考古学家发现了最后一次间冰期留下来的有砍削痕迹的燧石制品，这被视为是丹麦先民居住生活的最早遗迹。大约一万年前，丹麦开始进入石器时代。公元前2000年左右，丹麦人已经同地中海沿岸国家展开了贸易往来，盛产于波罗的海沿岸和北海周围地区的琥珀和燧石是他们进行贸易交换和输出的主要产品。公元前1500年左右，青铜器开始从南欧传入丹麦。丹麦人用青铜器制造出了比燧石更加精美的武器、装饰品和祭祀用品。

丹麦国家博物馆中的青铜器藏品充分显示了当时丹麦工匠们的高超技艺，这其中最为著名的是一辆有6个车轮的青铜太阳战车。车上竖立着一轮圆盘，部分镀金，象征着赋予大地以生命的太阳，拉车的是一匹骁勇的青铜战马。这件祭祀太阳的供品大约制造于公元前1500年，由

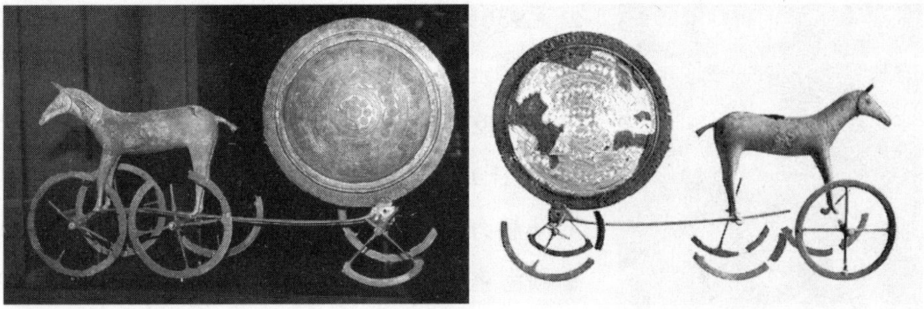

丹麦国家博物馆的镇馆之宝——青铜太阳战车

于种种原因被埋入地下。1902年在西兰岛西北部的沼泽地里被重新发现，得以重见天日。此外，一种名叫卢尔的乐器也是青铜器时代的杰作。作为世界上最古老的乐器之一，它制造于公元前900年，于1808年在菲英岛出土。青铜卢尔号通常会成对地被发现在泥炭地里，他们是献给神祇的，雕刻精致、曲线优美。丹麦一共发掘出过31件卢尔号，其中有许多保存完好，现在还能在喜庆节日里用来吹奏。

克尔特人（又译凯尔特人）在公元前1000年左右开始震荡欧洲，这使得丹麦人和克尔特人贸易异常活跃。铁器也在这一时期开始传入丹麦，这在丹麦历史上被称为“克尔特铁器时代”。后来，在公元前后，罗马文化传入斯堪的纳维亚，丹麦继续进入“罗马铁器时代”。之后，随着罗马帝国的衰落，丹麦受到条顿人的影响进入“条顿时代”，开始逐渐接受“日耳曼文化”。公元200年前后，丹麦境内出现了很多“北欧古字碑文”，这种书写方式也体现了拉丁字母的影响。公元400年前后，丹麦人已经与遥远的俄罗斯人建立了贸易联系。公元6到8世纪，丹麦的原始公社制度开始瓦解，氏族贵族在得势后占有了大片的公社土地，并在此基础上建立了最初的王国。

一、老王戈姆与“蓝牙王”哈拉尔德一世

丹麦王国的形成是从海盗活动盛行的10世纪开始的，老王戈姆（Gorm the Old）被认为是丹麦历史上第一位国王，他在10世纪上半叶，约

丹麦历史上第一位国王——老王戈姆的雕塑

公元936到958年之间统治丹麦。他的儿子哈拉尔德一世（Harald the first,958—986在位）由于爱吃蓝莓，所以牙齿被染成蓝色，又名“蓝牙王或青齿王”。父子两人都是北欧历史上赫赫有名的君主。“蓝牙王”即位后,曾亲自率领海盗船侵袭了周边国家，不仅统一了丹麦南部的石勒苏益格和日德兰半岛及周围诸岛,而且还征服了挪威,使丹麦的版图空前壮大，也使分崩离析的斯堪的纳维亚半岛结束了维京部落式的统治，成为了一个统一的集权制国家——丹麦王国。由此,“蓝牙王”在北欧人心中的地位相当于在秦始皇在中国人心中的地位。爱立信公司在研制移动无线通讯技术时,以他的名字“蓝牙”命名了统一通讯协议的通用标准,以表达对他大一统功业的纪念。

从公元950年起,“蓝牙王”还逐渐改变了丹麦人信仰奥丁神的传统和习惯,开启了丹麦人皈依基督教的历程。在维京海盗时代,丹麦人信奉北欧神话中的奥丁、梭尔和弗雷神,它们分别是战争、智慧之神,雷神和阳光、丰收之神。随着海外贸易的繁荣,越来越多的水手开始将西欧的神,即基督教慢慢带回丹麦。基督教会也在公元850年前后派出了法国的传教士安斯加尔到丹麦传教,到“蓝牙王”哈拉尔德一世在位时，基督教在丹麦开始被奉为国家,并获得大力的发展。在随后的两三个世纪里,基督教彻底地渗透入了丹麦的各个地区和诸多社会阶层。但是他们对基督教的理解却具有自己的地方特色。直到今天,丹麦很多地区还存有200座那时留下的乡村小教堂。这些小教堂多由当地农民采石建成,相距只有几英里,多建在山坡上,外墙被刷成白色。

雕塑反映了“蓝牙王”哈拉尔德一世公元970年由教皇施加洗礼的情景

室内还有多彩的中世纪壁画，图像诡异，风格奇怪，象征尘世的堕落和腐败。反映了丹麦人最初对基督教的认知。

二、“耶灵石”：丹麦王国诞生的证明

老王戈姆的势力最早起于丹麦最西端的日德兰半岛上的小镇耶灵，在他的爱妻塞拉(Thyra)去世后，他在此修建了王陵，并立有一块石制墓志碑以纪念她。据说这位王后生前是位巾帼英雄，为了抵御南方文德和萨克逊异族的侵犯，她曾身先士卒，带领丹麦人在日德兰半岛的南部组织起了一道防线。老王戈姆对其宠爱有加，他本人去世后也葬在了此地。他们的儿子“蓝牙王”哈拉尔德一世为了追思父母，同时颂扬个人统一丹麦并使丹麦全体国民皈依基督教的伟业，也立了一块石碑。这两块石碑一小一大。小石碑上写着：“国王戈姆造此纪念碑以纪念其妻赛拉，丹麦的珍宝。”自此，“丹麦”这个国名首次以文字的形式出现。大石碑上刻有头上围着光环的基督像和古北欧文，碑文写道：“哈拉尔德国王下令为纪

存至今日的两块最古老的“耶灵石”

老王戈姆为其妻子所立的石碑，上面刻有鲁纳文

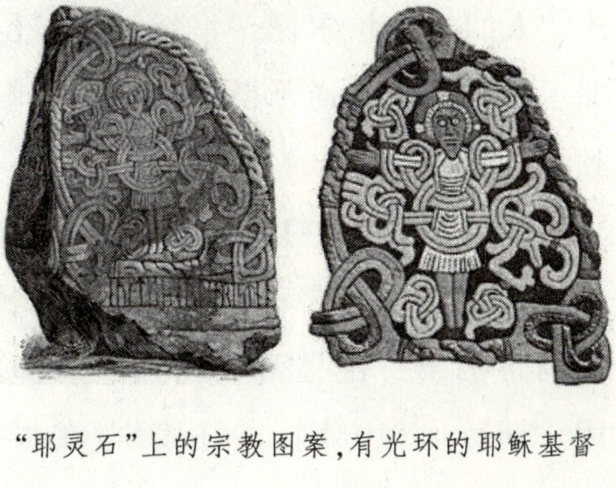

“耶灵石”上的宗教图案，有光环的耶稣基督

念父亲戈姆和母亲塞拉而立此碑。哈拉尔德征服了整个丹麦和挪威，并使丹麦人成为基督徒。”今天的丹麦人将这两块石碑并称为“耶灵石”，视其为丹麦王国诞生的明证。石碑上刻写的文字是一种从南欧、中欧传播到北欧的鲁纳文，这种文字的笔画几乎都一样长，很适合在石碑上刻画，目前丹麦已经出土了近100块刻有这种文字的石碑，都是用来纪念死去的著名人物。其地位类似于中国的甲骨文骨片。大约在公元1100年，鲁纳文正式被拉丁字母所取代，这一文字才逐渐被人遗忘。此外，两块最古老的“耶灵石”附近还有两个土塚，两个土塚之间据说就是北欧第一所教堂的所在地。目前现存的这座已经是公元1100年修葺的第四座，之前的3座都因火灾而惨遭焚毁。耶灵小镇如今成为丹麦最为著名的历史文化圣地。

三、卡努特大帝与“北海大帝国”

“蓝牙王”哈拉尔德统治后期将王宫迁至了西兰岛，在他晚年时，国家分裂为两大派系：一方是赞成国王在丹麦国内安享和平的人们；一方是仍然酷爱战争的海盗。后者拥戴年轻的王子斯万(Sweyn)为王，父子之间由此出现了尖锐的冲突，并最终引发了战争。哈拉尔德一世与斯万相约在日德兰半岛的某处密林进行决斗。由于哈拉尔德一世年事已高，打不过年轻气盛的儿子，不得不逃进森林躲避。后来，人们发现曾经不可一世的哈拉尔德一世孤独地躺在密林深处，全身伤痕累累，黯然神伤。多处伤口中，有一处箭伤是致命的，箭从背后射进去，又从嘴里穿出。人们把哈拉尔德一世运送回了位于约姆斯堡的海盗营，不久他就在那里撒手人寰。逆子斯万最终还是厚葬了老父，并因为他生前信奉基督教，采取了基督教的方式为其入殓。

斯万(约986—1014年在位)又名“八字须王”。同他的父亲一样，他最终也成为了基督徒，他受洗时的名字是奥托(Otto)，以表达他对神圣罗马帝国第一位皇帝奥托一世的仰慕和欣赏，但是这个名字他并不常用。斯万血气方刚，喜好战争，在很大程度上，他更像是海上王国维京海盗的一个总头目。他即位后首先打败了挪威人，然后连续几年多次向西方派遣船队，进行海外征服。1013年，他还征服了英格兰，占领了伦敦，迫使英王逃亡诺曼底。由此，斯万事实上成为了挪威、丹麦和英格兰三国的君主。但不幸的是，1014年2月，他不小心从马上坠落，意外身亡。

“八字须王”斯万去世后，他打下的天下被两个儿子瓜分。大儿子哈拉尔德继承了丹麦王位，史称哈拉尔德二世(Harald Ⅱ，1014—1018年在位)。小儿子克努特(Cnut)则被封为英格兰的王。由于英格兰人民崇拜阿尔弗雷德大帝(Alfred，the Great)的后人，所以拒绝接受克努特的到来。克努特只得暂时返回丹麦。1015年，克努特在其兄哈拉尔德二世的支持下，率领一支有200艘海盗船的舰队再次到访英格兰，双方展开激战。这次战争中，丹麦人表现得特别骁勇好战，勇猛无畏，最终打败了英格兰人。1016年，丹麦和英格兰方面达成妥协，决定将英国一分为二，由克努特和阿尔弗雷德大帝的后代埃德蒙二世分而治之。这也是丹麦海盗史上最后一次大规模的远征。同年11月，埃德蒙二世去世，克努特成为英

西兰岛“特雷勒堡”海盗军营的遗址。军营设计有一种近似乎学究式的军事上的精确。壁垒内外各有16个大厅，是海盗驻扎和议事的场所，延伸到外层壁垒的广场是坟场。迄今为止，丹麦共发现4个这一类型的军营

国唯一的国王。到了1018年，克努特刚刚巩固了他在英格兰的统治，他的兄长，即丹麦国王哈拉尔德二世就去世了，他不得不回国即位，由此成为丹麦和英格兰两国的国王。

英国博物馆收藏的有克努特大帝头像的古钱币

卡努特统治期间是丹麦和北欧海盗的鼎盛时代。1028年，丹麦击败挪威和瑞典，克努特成为挪威国王，并占领了瑞典南部地区。由此克努特建立了包括丹麦（1018—1035年在位）、英格兰（1016—1035年在位）、挪威（1028—1035年在位）和瑞典南部（1026—1030年在位）的“北海大帝国”，他也被称为“克努特大帝”。

中世纪时代书籍中对卡努特大帝形象的刻画

克努特大帝一生钟爱英格兰，他的大部分时间也是在伦敦度过的。开始，他在英格兰以征服者的姿态采取强硬统治，后来逐渐转而实行绥靖政策。他曾给寺院以大量捐款，以取得当地教会的支持和信任。他还为了消除英格兰人和丹麦人之间的敌意做了很多努力，其重点是文化上的同化与宗教上的融合。自克努特的祖父“蓝牙王”开始，丹麦王室就以基督徒的身份治国。克努特多次从英格兰派遣牧师到丹麦传教布道。在他统治期间,丹麦的基督教势力得到进一步的扩张和壮大。有一个故事流传甚广，据说克努特宫廷中的一位臣下曾谄媚说克努特大帝是海洋的统治者,海水会听候他的驱遣。克努特于是下令将椅子放在海边,命令海水不准打湿椅脚,这当然是不可能实现的。由此,克努特当面痛斥了臣下的阿谀,并宣称:“上帝才是大海的真正统治者,国王的权力只是沧海一粟。”

中世纪绘画中,克努特大帝在战马上与人交战的场景

克努特在英格兰期间,曾让他的妹夫乌尔夫伯爵在丹麦担任副王。后来乌尔夫暴露了阴谋夺权的企图。克努特闻讯后,火速赶回丹麦，粉碎了阴谋。乌尔夫为了逃避制裁曾跑进一所教堂避难。按照基督教的规矩,教堂作为圣地是不能成为杀戮场所的。但是克努特手下的士兵还是强行进入了教堂,抓住了乌尔夫,并在圣坛前当场把他杀死。虽然克努特就此向他的妹妹和教堂偿付了一笔巨额罚款，可以看出他具有基督徒思想中忏悔的面向,但是不得不承认作为维京海盗的头目,骨血里依然保留了奥丁神崇拜中好勇斗狠的面向。这反映了丹麦处于两种宗教交替时代的复杂性。此外,克努特作为一位励精图治的统治者,还制定了《克努特法典》,为了维护法典的神圣性,他曾因自己违反纪律而当众处罚自己。

1035年11月11日,克努特大帝在夏弗特斯堡突然去世,年纪不过30多岁,他的遗体葬在了英国的温切斯特。他的两个儿子十分软弱无能,北海大帝国很快就分崩离析,成为历史上昙花一现的传奇。克努特大帝的第二个儿子哈德克努特(Harthacnut,1040—1042年在英国在位)是丹麦统治英格兰的最后一位君主,在他之后威塞克斯王朝的“忏悔者”爱德华成为英格兰的最高统治者,结束了英国历史上的“丹麦王朝时期”。关于他的死还是一桩扑朔迷离的悬案。1042年6月8日,哈德克努特在丹

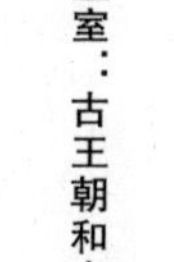

麦酋长托维·普鲁德位于泰晤士河边的漂亮宅邸做客，当他为主人和美丽的女主人喝干角状杯里的祝酒时，却突然倒地而亡。他是被下毒还是因为饮酒过量中风而死，始终没有定论。但是1042年之后，北海大帝国彻底瓦解了，丹麦王室内部斗争激烈，西欧式样的君主制开始在斯堪的纳维亚建立起来。

可以说克努特的统治是北欧海盗最后的辉煌，自此之后，海盗王国成为一个历史的名词，丹麦的王室更加趋同于欧洲大陆的王室统治。海外征伐逐渐被陆上统治所取代。

四、瓦尔德马尔王朝的开创

12世纪中叶以后，瓦尔德马尔家族统治下的丹麦再次强盛。这一时期，丹麦深受欧洲文化的影响，在南部边界地区建立了很多城堡，作为陆地生活，驻守防御的要塞。同时，这一王朝还非常重视商业活动。今天丹麦的国旗、国徽大都产生于这一时期。丹麦历史上的第一步成文法典也由此诞生。

作为瓦尔德马尔王朝的开创者，瓦尔德马尔大帝（Valdemar the Great，1131—1182年在世，1157—1182年在位）出生时，他的父亲日德兰

瓦尔德马尔大帝雕塑以及他在绘画中的形象

公爵卡努特·拉瓦尔德(Canute Lavard)——一位行侠仗义，广受欢迎的丹麦王子——已经被刺身亡。1147年，“羔羊王”埃里克三世(Erik III Lam)逝世，瓦尔德马尔被立为王位继承人，经过多年混战，他在1157年打败并杀死了斯万三世(Svend III Grathe)，统一了丹麦，定都哥本哈根。1158年，他起用其结拜弟兄、罗斯基勒的青年主教阿布萨朗为首相，决定制服文德人(Wend)，以保护丹麦免受他们的侵扰。1159到1169年之间，丹麦出动庞大的远征舰队，进攻文德人的主要基地吕根岛，最终将其归入丹麦罗斯基勒主教区的统辖，并毁坏了阿尔科纳地区文德人的神庙。一年后，他又将部分地区分给了萨克森公爵狮子亨利，他曾对德国皇帝红胡子腓特烈一世宣誓效忠，进而承认他所拥立的敌对阵营的教皇维克托四世，遂使得丹麦的大主教埃斯基尔宁愿流放也不肯背叛原来对教皇亚历山大三世的忠诚。直到1165年，瓦尔德马尔一世与阿布萨朗转而承认正统的教皇，埃斯基尔才回到丹麦，并重申国王瓦尔德马尔的父亲是圣徒，按教规立国王的儿子克努特四世为共同执政者，从此瓦尔德马尔家族作为丹麦的世袭统治者地位获得了教会势力的最终承认。1182年，为了保证继承权，瓦尔德马尔大帝还把两个女儿嫁给了德国皇帝的两个儿子，并率领一支日德兰人的军队扑灭了斯堪尼亚人的叛乱。巩固了瓦尔德马尔家族的势力。

1182年5月12日，瓦尔德马尔一世在伏尔丁堡暴卒后，他的儿子克努特六世(Canute Ⅵ，1163—1202年在世，1182—1202年在位)即位，虽然他在14岁时娶了日耳曼诸侯狮子亨利的女儿，但是他即位后却试图摆脱神圣罗马帝国皇帝红胡子腓特烈一世的干涉。1185年，丹麦取得了波美拉尼亚的宗主权，不久又取得了斯拉夫人的土地和德意志边境诸侯的土地，为了纪念他的胜利，他又被加上斯拉夫国王的称号。1192年以后，他的弟兄瓦尔德马尔继续向南扩张，使得丹麦的统治覆盖了整个波罗的海的东岸地区，甚至到达了奥德河以东。由于他死后无子，王位由他的弟兄瓦尔德马尔继承，称瓦尔德马尔二世(Valdemar Ⅱ，1170—1241年在世，1202—1241年在位)。

五、“胜利王”瓦尔德马尔二世与“黎明少女”

瓦尔德马尔二世的印章和钱币

瓦尔德马尔二世时代丹麦的疆域图

瓦尔德马尔二世又号称“胜利王瓦尔德马尔”或“征服者瓦尔德马尔”。他力图建立一个包括波罗的海和北海在内的商业强国，重振当年“北海大帝国”的雄风。由于他征服了德意志北部大片领土，将易北河以北的大部分地区置于了自己的控制下，从而保证了丹麦以石勒苏益格为中心的航运贸易畅通无阻。1219年，他继续率兵东征，在爱沙尼亚的林德尼西登陆并大获全胜，从而阻止了德国势力向波罗的海东部的渗透。瓦尔德马尔二世治国有方，丹麦人在这一时期变得富足、安定。丹麦国内市场繁荣,对外贸易异常活跃,新的村落和大农庄也进行了先进的农业改造。瓦尔德马尔二世获得了与卡努特大帝比肩的声望。

在林德尼西战役中,爱沙尼亚的异教徒向丹麦军队发动突然袭击,令丹麦军队非常被动。随军大主教遂向上帝祷告,这时一面绘有白色十字的血红色旗帜从天飘落,正好披在瓦尔德马尔二世的身上,凭借旗帜的鼓舞,瓦尔德马尔二世率领的丹麦大军士气大振,终于赢得战役的胜利。这面旗帜被视为是“来自上帝的旗帜”,是天赐的礼物,也被称作“Dannebrog”——“丹麦人的旗帜”。后来很多丹麦军旗上都会标有“dannebrog”的符号,逐渐演变为了丹麦的国旗。最古老的一面丹麦十字旗(1427年)曾一度保存在卢卑尔克的圣玛利亚教堂里,不幸的是在第二次世界大战期间,这所教堂被同盟军的炸弹炸毁。丹麦国徽也大致出现在同一时期,国徽图案是金底上有3只由9颗红心围绕着的青狮子。不过这是后来的解释,原来是3只青豹,所谓的“心”实际上是睡莲的叶子,作为海的象征。

瓦尔德马尔二世统治之前,丹麦人还没有自己的成文法,各地仍然使用着流传下来的由“执法人”默记的古代法令,不同地区的法规千差万别,造成了大量的司法纠纷。于是,瓦尔德马尔二世在1241年制定了《日德兰法典》,统一了丹麦的地方法规。日德兰法典是当时最为著名的法律文件,它行文严谨,讲究人道,陈述简洁。既剔除了迷信的成分,也避免了严酷的刑罚。在这部法典的卷首上写着“必须依法治国”的箴言。这部法典的颁布成为丹麦司法制度发展的重要里程碑。瓦尔德马尔二世在自身的统治实践中,也试图避免“一言堂”的局面,充分体现了协商和法制的精神。他与大贵族和大主教以及地方寺院的主持们一起,共同治理着国家。丹麦人称

丹麦的国旗和国徽

这一时期为“丹麦人的宫廷”。当时,国王会定期召开咨询会议,共商国是。他们最重要的会址在尼堡,直到今天,这个地方还保留了当时开会的宫殿和大厅遗迹,见证了这位开明君主的贤达。

瓦尔德马尔结婚相当晚，但这并不意味着他完全没有时间谈情说爱。早年他曾与好几个妇女生有私生子,其中一个儿子还是跟名臣阿布萨朗的兄弟埃斯伯恩·斯纳尔的寡妇所生的。在他三十五六岁的时候,他决定安定下来,迎娶了的一位不足14岁的少女。这位少女是波西米亚国王的女儿,当时她的母后被父王抛弃,正处于流亡途中。瓦尔德马尔二世的这种选择违背了丹麦王室的惯例。因为之前,迎娶斯堪的纳维亚地区出生的女人是贵族们的规定。同时这位流亡少女缺乏政治上的嫁妆,绝对不是王后的最佳人选。但是瓦尔德马尔二世坚持了自己的选择。这名王后名叫德拉戈米尔,她那发音困难的名字改为丹麦语是达格玛,意思是“曙光”或“黎明少女”。这位王后成为了丹麦民间诗歌中的主角,她被描述成极具才智、相当聪明的女人。在结婚之前,就要求了解丹麦全部的财政状况。关于她的死更是在文学作品中被渲染得极度煽情。她由易北河北上,在当时丹麦最大的商业中心里伯城停靠时,卧病不起。而当时国王还在日德兰中部的斯卡纳堡。她的男仆跳上了一匹马,飞奔40公里路去向国王报信。国王闻讯后,立刻给马上鞍,带领100多名扈从通过日德兰沼泽向南驰骋。当他跨国里伯桥时,发现扈从被落在了后面,杳无人影。就在他进城后,未及见到王后,王后就断了气。国王进到死者的房间悲痛欲绝,忽然间,王后睁开了血红的双眼,与这位深情的国王对视良久,依依惜别之后,才再次长眠。几百年后的18世纪,一位教士在准备埋葬自己的妻子时,偶然发现了这位“黎明少女”王后的墓地,他发现了由黄金和珐琅制成的精致的小十字架陪葬物。目前这个小十字架藏于哥本哈根的国立博物馆中,人称“达格玛十字架”。人们把它的复制品作为施洗时的礼物赠送给丹麦少女,希望能给她们带来才智和好运。

达格玛逝世后数年,瓦尔德马尔二世再娶。他的第二个王后是一位葡萄牙公主,名叫贝朗加丽阿,其丹麦名字是贝尔恩格尔格,意为“熊的看守人”,民谣中传说,她虽然美丽,却异常凶残,并不怎么讨民众的欢心。

六、埃里克五世签署《国王法令》

瓦尔德马尔二世在世期间，曾让他的儿子小瓦尔德马尔(Valdemar the Young)与他共同执政,但小瓦尔德马尔先于他去世。只得由另外的一个儿子埃里克即位,称埃里克四世(Eric Ⅳ,1232—1241年在小瓦尔德瓦尔去世后同瓦尔德马尔二世共同执政,1241—1250年单独执政)。但是埃里克四世并不能压住阵脚。瓦尔德瓦尔二世的辞世使得丹麦国内的王室、教会和贵族失去了主心骨,他们之间的矛盾也不断涌现,最终使得丹麦陷入了内乱状态。埃里克四世和他的兄弟阿贝尔公爵(Duke Abel)矛盾最为激烈,后者希望谋求独立,甚至篡夺王位。教会也一度拒绝向国王纳税。埃里克四世在土地上的苛税同时引发了农民的叛乱。埃里克四世1250年被谋杀，他的兄弟阿贝尔(1250—1252年在位)和克里斯托弗一世(Christoffer I,1252—1259年在位)先后即位。

“消减王”埃里克五世

克里斯托弗一世早年与倔强的大主教雅各布·厄兰森有过节,后者希望教会权力能进一步的控制世俗权力。由于没能与国王达成一致,克里斯托弗一世将雅各布·厄兰森下狱,并给他戴

描写丹麦贵族谋杀埃里克五世后骑马出逃的油画,作者为Otto Bache,作于1882年

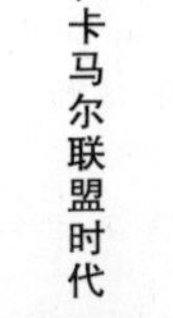

上了一顶丑角小帽以示侮辱。由此激怒了教会势力。1259年，克里斯托弗一世在里伯教堂接受了圣餐礼后，突然暴毙。那时阿恩法斯特修道院院长正在祭坛主祭，立刻谣言四起，说国王是喝了毒酒才死的。事后他的朋友称他为“基督—祭品”——在丹麦语中这是对他的名字的一个双关语，意思是他被献祭于基督。因为克里斯托弗（Christopher）一词可以拆解为基督（christ）和祭品（offer）两个词。克里斯托弗的儿子埃里克此时只有11岁，他的母亲玛格丽特不得不代其治理国家。这位皇后也算聪明能干且强势有力，获得了“黑色的玛格丽特”和“腾跃的战马玛格丽特”的绰号。她后来释放了雅各布·厄兰森，试图达成与教会的和解。但是这也激起了王室内部一部分人的质疑。

埃里克五世遇刺地的纪念十字架

这一时期，利用王室纷争，掌握相当权势的贵族们希望能趁机削弱王权，就在1282年的尼堡会议上迫使当时的国王埃里克五世（Eric Ⅴ，1259—1286年在位）签署了《国王法令》。这部《国王法令》的意义可以同1215年签署的《大宪章》对英国的影响相媲美，是丹麦历史上第一部有关国家政治权力分配原则的文献，为后来丹麦贵族进行社会和政治改革奠定了基础。该法令规定了国王同贵族的合作原则，国王承诺每年召开一次由贵族、骑士、市民和自由农民组成的四等级代表会议，并服从有关赋税等问题的基本原则。从克里斯托弗二世（Christoffer Ⅱ）开始，国王在登基时必须以特定的文告来确认贵族的特权。1282年的《权利法》进一步确立了丹麦的封建等级君主制度，该法令一直沿用到1660年，此后，丹麦才开始出现封建专制制度。

埃里克五世在位期间，丹麦事实上处于一种无政府状态，国王还有一个绰号，叫“消减王”，因为他在位期间由于货币贬值，铸造的钱币上会被削去一角。由于他常常失信于人，所以他的名声很坏。丹麦贵族甚至曾集体宣誓要谋杀他。1286年11月，在国王的一次外出狩猎途中，天色已晚，贵族们就引诱埃里克五世在一处寺院过夜，等他睡熟后，谋反贵族不停地向他戳刀子。次日，侍卫发现国王身上一共有56处戳伤。追究凶手的善后事宜不了了之。只有一位贵族承认国王曾侮辱其妻子，他是为了报复才谋害国王，但是这位贵族后来也逃到了国外。可以说这一时期的丹麦王权是脆弱且动荡的，丹麦贵族对政局具有很大的影响力。

七、"无冕女王"玛格丽特

玛格丽特一世

玛格丽特一世石像局部

1375年，瓦尔德马尔四世年仅5岁的外孙奥拉夫继承丹麦王位，称奥拉夫三世(Oluf III，1376—1387年在位)。奥拉夫的母亲、22岁的玛格丽特，也就是瓦尔德马尔四世的小女儿、挪威国王哈康的妻子代其执政。1380年，挪威国王哈康去世后，奥拉夫又继承了挪威王位，从而实现了丹麦和挪威的共主统治。1385年，玛格丽特女王运用精明的政治手腕从汉萨同盟手中将抵押到期的斯堪尼亚沿岸诸城堡收回，增强了对波罗的海的控制力。1387年，奥拉夫早逝，丹麦贵族和教会为了不让丹麦的王权落入有德国血统的阿尔布勒希特（即玛格丽特的姐姐英厄堡同梅克伦堡公爵所生的儿子）手里，决定推举玛格丽特为丹麦的全权统治和监护人。1388年，挪威也拥立她为统治者并授予她终身统治权。玛格丽特从而在名义上成为挪威和丹麦共同的君主。1389年瑞典贵族与梅克伦堡的统治者因封地问题发生争执，向丹麦女王玛格丽特求助。是年冬天，丹麦军队在西耶特兰的奥斯莱打败了来自梅克伦堡的阿尔布勒希特的部队，玛格丽特被推举为瑞典女王。1397年，在玛格丽特的积极策划和推动下、挪威，瑞典和丹麦的贵族代表召开了卡尔马会议，决定拥立玛格丽特的继承人、她姐姐的孙子、波美拉尼亚的埃里克为三国共同的君主，玛格丽特担任摄政，辅佐其统治。卡尔马联盟使得北欧三国在军事和外交上协调一致，以求共同抵御外辱。而玛格丽特作为这一联盟的开创者，功不可没。这一时期，玛格丽特真正当女王的时间只有10年(1387—1397年)，而更多的时间是出于摄政的位置，虽然她手握实权，却从未举行过正式的加冕仪式，所以她又被称为“无冕女王”。

1412年，玛格丽特为了加强对日德兰南部地区石勒苏益格公国的控制而乘船南下，试图再次施展外交手腕，谋求当地商人对自己的支持。但是，当她乘坐的船只到达弗兰斯堡海湾时，不幸被传染上了鼠疫(即黑死病)。不久，她就病殁于船上。遗体由她的养子埃里克移葬在罗斯基勒市的大教堂里，与其他国王的灵柩并置在一起。但是，玛格丽特用的是特制的石棺，石棺上雕刻着静卧的玛格丽特女王全身石像，以供人瞻仰。罗斯基勒大教堂目前已被列入世界遗产，共陈列有38位国王的棺材，而其他37位的棺材均放在旁室中，只有玛格丽特的特殊石棺摆放在神坛前。棺盖上雕刻的雪花石膏雕像，神情深邃，似乎在诉说玛格丽特不平凡的一生。玛格丽特也是当时黑死病的著名死者，在她染病的地方，当地人还曾建造一座宫殿，以示缅怀。

罗斯基勒大教堂中的玛格丽特一世女王石棺

八、幽怨的三国共主：波美拉尼亚的埃里克

玛格丽特女王逝世后，30岁的波美拉尼亚的埃里克作为三国共主的君王开始独立执政。他在挪威被称为埃里克三世（1389—1442年在位），在丹麦被称为埃里克七世（1396—1439年在位），在瑞典被称为埃里克国王（1396—1439年在位）。但是他的胆识和智慧远远逊于玛格丽特女王。埃里克经常与荷尔施泰因的伯爵们发生摩擦，战争不断。虽然1424年神圣罗马帝国皇帝吉斯蒙德承认了埃里克对南设得兰的统治，但是荷尔施泰因地区的统治者坚决予以否认。延绵多年的战争使得国家的经济消耗巨大。同一时期，黑死病的流行，几乎使得人口损失一半，政府不得不加重盘剥，在卡尔马联盟中占主导地位的丹麦试图从瑞典和挪威国内榨取资源来补给母国。这激起了瑞典和挪威的反抗。同时，在丹麦国内，王室也肆意占有土地，贵族加快了对封地的兼并进程。1429年，埃里克开始征收海峡税，对进出波罗的海的船只收费。这使得吃紧的国家财政获得了暂时的喘息，但也为埃里克处处树敌，埋下了战争隐患。

埃里克的幽怨神情反映了他不得志的一生

由于松德海峡和贝尔特海峡是丹麦专有的领海，所以丹麦控制了波罗的海的入口。特别是松德海峡，作为欧洲最热门的海峡，自古以来就是丹麦最重要的财政来源。为了确保收税的特权，埃里克在送的海峡两岸建立了诸多城堡。他在海峡最窄处还建造了一个名叫克罗根的方型城堡。最初索取的通行税只是每船一个玫瑰诺布尔金币，不久就因为价格太高了，而且征收的手续也复杂了，而引发了多方的不满。不久，丹麦和汉萨同盟的领导城市吕贝克公开进入战争状态。汉萨同盟对斯堪

的纳维亚地区的经济封锁，更激起了三国人民对埃里克统治的不满。1434年，瑞典爆发矿工起义，起义得到了国内以中小贵族和矿业主阶层为首的，主张脱离卡尔马联盟的独立派的支持。这一派中的斯图雷家族曾一度在丹麦摄政。埃里克挑选的继承人——波美拉尼亚的公爵——遭到各地贵族的坚决反对。埃里克一气之下离开丹麦，到哥德兰岛上的城堡隐居。临走之前，他愤愤地对周围的贵族说："我不打算做你们唯唯诺诺的主人了！"的确，像治理一个国家那样来治理纷争不已的3个国家对埃里克而言的确是黔驴技穷。最终在1439年，他被瑞典、丹麦和挪威的贵族相继废黜。1440年，他的表弟巴伐利亚的克里斯托弗三世(Christoffer III af Bayern)继承挪威和丹麦的王位。1448年克里斯托弗三世去世后，由于没有子嗣，贵族们推举了埃里克的死敌奥尔登堡伯爵之子克里斯蒂安一世(Christian I)为丹麦的王位继承人。尚在人间的埃里克回天无力，为了回到故乡波美拉尼亚，就把他隐居的领地哥德兰岛交回给了丹麦。最后，埃里克在家乡终老，结束了他动荡而失意的一生。

第十章
丹麦皇室:奥尔登堡王朝

一、克里斯蒂安一世:被选举出来的三国之主

二、最后的三国之主:汉斯和克里斯蒂安二世

三、克里斯蒂安三世与丹麦的改宗

四、弗雷德里克二世与北方七年战争

五、克里斯蒂安四世:伟大的建设者和战争的失败者

六、弗雷德里克三世与丹麦的君主专制

七、弗雷德里克六世的“开明专制”

八、绝后的弗雷德里克七世与君主立宪制的建立

一、克里斯蒂安一世：被选举出来的三国之主

从老国王戈姆到1448年，丹麦的王位嫡传了大约5个世纪，共有32位国王和1位女王。1448年起，丹麦王位由奥尔登堡家族的克里斯蒂安继承，从而开创了奥尔登堡王朝。这一王朝历时4个多世纪，经历了16位国王，直到1863年结束。此后，丹麦的王位被格吕克斯堡的威廉姆公爵的儿子克里斯蒂安继承，称克里斯蒂安九世，开创格吕克斯堡王朝。

克里斯蒂安一世肖像

奥尔登堡位于德国下萨克森地区的西部，威悉河支流洪特河与屈斯滕运河汇合处，介于不莱梅和荷兰城市格罗宁根之间。这一地名1108年始见于史籍，1345年建市。统治这一区域的奥尔登堡家族历史悠久，埃基尔玛一世被视为这一家族的创始人。从12世纪起这一家族世代居住在洪特河畔的城堡里。1448年，奥尔登堡伯爵迪特里希的长子克里斯蒂安成为丹麦的克里斯蒂安一世(1448—1481年在位）国王，随后又成为了挪威国王(1450—1481年在位)和瑞典国王(1457—1464年在位)，这一家族开始跻身欧洲皇族之列。

克里斯蒂安一世的上台，很大程度上来自丹麦贵族内部争斗后的妥协。在他在位期间，卡尔马联盟在事实上已经解体。虽然他通过继承挪威王位，使得丹麦和挪威两国仍保持联合，但长期以来，瑞典事实上都是由本国贵族实际控制。直到1457年，克里斯蒂安一世赶走了竞争对手卡尔·克努特松，从瑞典摄政杨·本特松手中收回了权力后，他才成为名义上的瑞典国王。但是他对瑞典的统治一直是断断续续的。1464年，瑞典的另一派贵族掌权，其摄政基特尔·卡尔松召回了卡尔八世·克努特松为国王，从而最终罢黜了克里斯蒂安一世在瑞典的统治。1460年，克里斯蒂安一世成为神圣罗马帝国版图中的石勒苏益格-荷尔的伯爵，因为他的母亲曾是这一地区最后一位公爵阿道夫八世的妹妹。克里斯蒂安实际上继承了他舅舅的职位，并在他统治期间将荷尔施泰因升格为公国。从此以后，丹麦国王兼任石勒苏益格–荷尔施泰因的领主就成了定例。1479年，克里斯蒂安一世还创办了哥本哈根大学。哥本哈根大学位于北欧和欧洲大陆的十字路口，建校初期隶属于天主教会，到1537年转归丹麦路德会。初期是为了培养神职人员，17世纪后，引入德国的大学模式，成为北欧最为重要的大学之一，也是丹麦最重要的知识生产基地和文化巨匠的摇篮。克里斯蒂安一世的建校之功功不可没。

二、最后的三国之主：汉斯和克里斯蒂安二世

克里斯蒂安一世去世后，他的儿子汉斯(King Hans，1455—1513年在世)即位。汉斯本名约翰内斯，所以他在瑞典被称作约翰二世。按照卡尔马联盟的规定，他依然是三国名义上的君主，1481—1513年在丹麦在位，1483—1513年在挪威在位，1497—1501年在瑞典在位。汉斯一生试图完成三大志业：重新巩固卡尔马联盟、对抗汉萨同盟以及增强丹麦的君权。汉斯加冕为丹麦和挪威国王后，运用外交手段，削弱了瑞典执政老斯滕·斯图雷的势力，并成为丹麦历史上第一个与俄罗斯结盟的君主。根据1493年协定，莫斯科大公伊凡三世囚禁了在诺夫哥罗德的所有汉萨同盟的商旅，并与丹麦联手攻打瑞典。汉萨同盟各个城市都饱受丹麦私掠船的困扰，日渐衰落。由于汉斯广泛任用平民为官，甚至让平民担任议员，招致了很多老式贵族的不满。1501年，瑞典的政局不稳，汉斯与老斯滕·斯图雷和斯万特·尼尔松陷入战争困局，也使得丹麦和吕贝克等汉萨联盟城市的关系彻底决裂。1509年，经荷兰从中调停，瑞典同意原则上承认汉斯为王，但是禁止他进入

丹麦第三大城市欧登塞圣克努特教堂中的国王汉斯雕塑

斯德哥尔摩，也不允许他重新加冕。1510—1512年间，汉斯与瑞典和汉萨同盟城市吕贝克最后进行了一次交战，凭借丹麦海军的强大力量转败为胜。瑞典维持了原状，但吕贝克的经济却因此次战争一蹶不振。

汉斯的儿子克里斯蒂安二世（Christian Ⅱ）早在1506年到1512年之间就被其父任命为挪威总督。他在那里表现出了杰出的管理能力。但是克里斯蒂安二世与平民的亲近，惹怒了丹麦势力强大的贵族。1507年他甚至爱上了一个出身卑微的有荷兰血统的挪威女孩迪弗克·西布里特施达特，这个女孩后来成为了他的情妇，却也给他带来诸多麻烦。等到了1512年汉斯国王去世后，克里斯蒂安在哥本哈根的贵族会议上陷入了不利地位。虽然按照卡尔马联盟条约的规定，他本应成为三国共同的君主，但是三国的贵族和教会势力却对他在担任挪威总督期间表现出的专制和集权倾向极为担忧。贵族们试图极力保护他们自身的权益。丹麦和挪威的与会代表强调这两个国家的王位都是贵族选举而非直接世袭，希望能保留他们选择继承人的权利。而瑞典方面则明确表示他们不接受克里斯蒂安二世的统治。其实，在此之前，瑞典就已经由本国的摄政官而非卡尔马联盟的国王直接统治了，瑞典已经在很大程度上游离于卡尔马联盟之外，现在他们决定要彻底摆脱束缚。由此，是否继承瑞典王位的问题被悬置多年。经过很大程度的妥协，克里斯蒂安二世最终成为了挪威和丹麦的君主（1513—1523年在位），但他只当了一年瑞典的国王（1520—1521年在位）。

最后的三国共主克里斯蒂安二世

克里斯蒂安二世执政期间最显著的特点是依靠小贵族与市民，去摧毁大贵族寡头集团在丹麦的统治。他的这项政策又与他的爱情生活关系紧密。1515年，克里斯蒂安二世迫于压力迎娶了神圣罗马帝国皇帝马克西米连一世的女儿勃艮第的伊莎贝拉。然而，婚后他继续与平民情妇迪福克·西布里特施达特保持亲密关系。这不仅引起奥地利和西班牙王室的愤怒,也给这个可怜的女孩子带来了厄运。1517年,迪福克·西布里特施达特被毒死。克里斯蒂安二世在情妇被杀后,找到了向贵族集团开刀的借口。他首先处决了一位地位显赫的贵族托本·奥克塞。奥克塞曾表达过国王情妇的存在会恶化丹麦同哈布斯堡王朝的外交关系,但是并没有确凿证据表明他就是下毒者。尽管如此,克里斯蒂安二世已经下定了改革的决心。他重用迪福克·西布里特施达特的母亲西格布里特,以她为改革的顾问。这个女人相当有才干,她敏锐的商业头脑对国王制定经济政策大有助益。克里斯蒂安二世指定她负责对通过松德海峡的船只征收海峡使用费,后来又把整个国家的财政都放在她手上。西格布里特本是一位小资产者,她所推行政策的核心宗旨就是提高丹麦中产阶级的地位,使他们获得更多扩大资本的机会。由此,西格布里特迅速成为了中产阶级集团的领袖,这个集团直接与封建贵族把持的枢密院分庭抗礼。

与此同时,克里斯蒂安二世还试图用强制手段重新实现丹麦与瑞典的合并。当时瑞典国内分化为两派:支持民族独立的一派,以摄政官小斯滕·斯图雷为领袖;亲丹麦,支持克里斯蒂安称王的一派,以天主教大主教古斯塔夫·特罗勒为领袖。克里斯蒂安二世为了营救被农民围困的特罗勒主教多次出兵瑞典。一方面,他在外交上孤立瑞典,使之得不到援助;另一方面,他在大批来自法国、德意志和苏格兰的雇佣兵的帮助下,成功地攻陷瑞典。这时,瑞典阵营内部发生了分化和动摇,瑞典贵族提出如果克里斯蒂安二世对以前的反抗既往不咎,并发誓按照瑞典的法律和习惯统治瑞典,他们就准备承认他为王。克里斯蒂安二世接受了这一建议,并在1520年3月31日与丹麦的枢密院签署了结束战争的条约。克里斯蒂安成为瑞典国王以后,斯图雷的遗孀克里斯蒂娜·于伦谢娜仍然在斯德哥尔摩进行着有力的抵抗,来自瑞典中部的农民也饱含爱国主义的感情拿起了武器反抗丹麦人。后来丹麦军队在陆地和海上包抄了斯德哥尔摩,面对城市的围困压力,克里斯蒂娜·于伦谢娜只能屈服,在获得不受追究和迫害的承诺后,她投降了。当年11月,丹麦各地

贵族宣誓效忠克里斯蒂安二世。在1520年11月4日，克里斯蒂安二世在斯德哥尔摩大教堂接受了古斯塔夫·特罗勒的涂油礼后，展开了3天的欢宴和游乐庆典活动。但是在11月7日的晚会上，丹麦士兵逮捕了与会的瑞典重要人物。在大主教特罗勒的唆使下，成立了一个审判委员会，将被逮捕者以宗教异端的罪名处死。瑞典上层贵族以及亲独立的代表人物受到了惨重的迫害。克里斯蒂安二世的报复心理和血腥手段，使其声名狼藉。这一事件也被称为"斯德哥尔摩惨案"。

尽管如此，克里斯蒂安二世对瑞典的铁血政策，并不能否定掉他作为"开明君主"的那部分功绩。他具有一定的人文情怀，支持启蒙运动，并希望削弱大贵族的势力，走富裕市民主政的尼德兰道路。他曾到访尼德兰，考察城市建设，雇佣了大批弗拉芒的工匠，与大画家阿尔布希特·丢勒建立了个人友谊。丢勒后来成为了克里斯蒂安二世的肖像画家。据说，克里斯蒂安二世还曾与大思想家伊拉斯谟探讨过宗教改革的问题。他返回丹麦后，立刻实施了伟大的改革。首先，他发布了根据他的意见编订的法典。这部法典明显模仿了尼德兰的法律，把国王放在了一个重要的位置上。后来，他还公布了要让社会底层民众的子女接受教育的法

描绘斯德哥尔摩惨案的绘画

律条款,以及限制贵族和高级教士特权的法令。他还禁止买卖农奴,保留了中世纪的行会，大资产者通过建立贸易联盟来排挤中小有产者的行为也受到了明令禁止。

可以说克里斯蒂安二世的这些改革加强了中央集权，保护了中下层的利益,因而具有进步性质。但不幸的是,这些改革虽然措施良好,却很难在丹麦得到彻底的贯彻。在法国太阳王路易十四时代,强调“朕即国家”,君主较贵族具有显著的优势,中央集权的改革阻力较小。而在此时的丹麦,则不具有这种政治土壤。因为长期以来丹麦具有选举君主制的传统,贵族势力异常强大,君主凭一己之力很难扭转或左右贵族的意志。由此,改革没进行多久,克里斯蒂安二世很快就遭遇了内外交困的局面。首先,短暂屈服的瑞典再生事端;其次,由于提高了海峡通过费,克里斯蒂安二世得罪了尼德兰,汉萨同盟的领袖城市吕贝克,外交形势恶化。最要命的是丹麦国内的贵族对克里斯蒂安二世的统治越发不可忍受,他们积极谋划叛乱,试图推翻国王的统治。在这一关键时刻,克里斯蒂安二世突然软弱起来,面对威胁,他没有积极组织抵抗,而是仓皇举家出逃。在低地国家蛰伏8年后,克里斯蒂安二世由于受到丹麦下层民众和农奴的支持,曾试图再次夺回王位。1531年,他率领的舰队在渡海时却不幸遭遇暴风雨,舰队大部分被毁,他只得再度向对手投降,签署《奥斯陆条约》,表示放弃丹麦王位,并被软禁终生。

三、克里斯蒂安三世与丹麦的改宗

丹麦贵族集团后来拥立了克里斯蒂安一世的小儿子弗雷德里克为王,称弗雷德里克一世(Frederik I,1523—1533年在位),他的母亲是勃兰登堡公主多罗西娅。弗雷德里克一世年轻时被父亲封为石勒苏益格–荷尔施泰因公爵。他的哥哥是国王汉斯，而他的侄儿则是克里斯蒂安二世。弗雷德里克一世政绩平凡,主要致力于镇压农奴和平民的叛乱,而这些人正是克里斯蒂安二世的支持者。同时他也较为保守,试图防止宗教改革在丹麦引发波动。

克里斯蒂安三世

弗雷德里克一世去世后，他的儿子克里斯蒂安三世(Christian III，1503—1559年在世，1534—1559年在位任丹麦和挪威国王)即位。由于他年轻时候的启蒙教师沃尔夫冈·冯·乌滕霍夫和约翰·兰曹都是宗教改革运动的激进支持者，所以克里斯蒂安的思想较为不同于他的父辈。1521年，年轻的克里斯蒂安去德国旅行，他出席了具有历史意义的沃尔姆斯宗教会议。在这次会议上，宗教改革派领袖马丁·路德的表现深刻地触动了克里斯蒂安的心，使他转而成为路德宗的信徒。克里斯蒂安的宗教信仰和直言不讳，给他带来了很多麻烦。不仅天主教把持的国会对他怀有敌意，他圆滑谨慎的父亲也对他冷眼相待。有一段时间，甚至有传言说他将被从王位继承序列中剔除，而由他同父异母的弟弟汉斯继承，因为后者是经过天主教教育长大的，丹麦由此引发了内战。1534年，克里斯蒂安三世在维堡的地方议会上被部分丹麦贵族和高级教士选立为国王。德国贵族奥尔登堡伯爵克里斯托弗(他是丹麦王室的一位远亲)得到一些德意志商业城市的支持，发动兵变，企图让早在1523年就被罢黜的克里斯蒂安二世复辟。这场战争被称为“伯爵战争”。两年之后，克里斯蒂安三世击败了所有的竞争对手，巩固了王位。之后，他开始在丹麦推行宗教改革。但是丹麦的天主教势力在国会和枢密院中力量强大，旧贵族也激烈反对改革。1536年8月12日，克里斯蒂安三世借助一群德国雇佣兵发动清洗运动，铲除了坚决阻碍改革的部分贵族。这次行动的血腥程度甚至引起了路德本人的谴责。随之而来的是对天主教教会财产的大规模没收，王室从中获益匪浅。支持改革的那部分丹麦新贵族也迅速崛起。可以说克里斯蒂安三世的新教思想及其激进改革对丹麦的历史发展影响深远，自此以后，丹麦彻底成为了一个新教国家。

四、弗雷德里克二世与北方七年战争

克里斯蒂安三世的继任者弗雷德里克二世(Fredrick II，1534—1588年在世，1559—1588年在位)与他爱好宗教的父亲不同，热衷于军事冒险。年轻时代就与德意志那些战争不休的王公们过往甚密。登基第一年，他就发动了对外战争，进攻位于迪特马申的一个独立的农民共和国。他成功地征服了此地，其好大喜功的个性也得到尽情的施展。不久，他又卷入了立窝尼亚战争，鉴于立窝尼亚的骑士团已彻底无法抵御俄国沙皇伊凡四世的猛烈攻击，弗雷德里克二世于1560年出兵兼并了骑士团领地萨列马岛。在他统治期间，最重要的战争还是1563年到1570年之间，丹麦与瑞典爆发的北方七年战争。

好战的弗雷德里克二世

瑞典国王埃里克十四世企图通过战争取得在北欧的霸权。他以“三顶王冠”做盾徽，表示瑞典有权要求统治已不复存在的斯堪的纳维亚联盟，并成为挪威和丹麦的宗主国。瑞典因此与西班牙结盟，就征服和瓜分丹麦达成了秘密协议。同样，丹麦的弗雷德里克二世也想要夺回丹麦在波罗的海地区的传统优势。战争初期，丹麦占据上风，成功地在海上封锁了瑞典，并在1563年攻克瑞典的埃尔夫斯堡要塞。但是瑞典海军在1565年，打破封锁，侵入了霍兰和斯堪尼亚地区。战争日渐演变为开销巨大的消耗战。弗雷德里克二世与贵族间的关系也急剧恶化。幸运的是，瑞典内部爆发了王位争夺战，这阻止了它继续打击丹麦。瑞典的埃里克十四世被推翻，但是丹麦并没能利用有利时

机取得决定性胜利。又经过了两年多的艰苦谈判,双方才缔结《什切青合约》。根据合约规定:瑞典向丹麦付出巨额赔偿,以便赎回埃尔夫斯堡要塞。自此,瑞典向北海扩张并争夺波罗的海霸权的企图受到了有效遏制。战争以丹麦取得优势而结束,但是巨大的战争消耗,也使得丹麦没有能力真正有效地维持它在波罗的海的霸权。可以说这场战争是场两败俱伤的无谓争夺。

好战的弗雷德里克二世性情鲁莽、自负,热衷打猎和酗酒。许多人相信他最后就是死于酗酒。他在国内建设上的功绩并不多,虽然他是伟大的丹麦天文学家第谷·布拉赫的资助人,但是在丹麦人心中并不能称得上是位贤君。

五、克里斯蒂安四世:伟大的建设者和战争的失败者

弗雷德里克二世去世时,他的长子克里斯蒂安只有11岁,所以国务委员会组成了一个摄政团代为执政。忠心耿耿的老臣尼尔斯·考斯曾答应老国王要亲手为年幼的克里斯蒂安加冕,但是当时他已年事已高。在克里斯蒂安17岁时,估计不久将撒手人寰的老臣将克里斯蒂安叫到床头,把王室储藏室的钥匙亲手交到了年轻人手上,那里面储藏着代表权力的王冠和权杖。克里斯蒂安后来又在母亲的摄政辅佐下直到成年。他在19岁时正式加冕成为克里斯蒂安四世(Christian Ⅳ,1588—1648年在位),开始独立执政。克里斯蒂安四世是丹麦历史上最为人喜爱的一位国王,在他统治的前半期,丹麦的知识和文化得到了极大的发展,国势更臻于极盛。他上台后展开了一个雄心勃勃的计划,决心要用漂亮的建筑来彰显国家的强盛。他建造

伟大的建设者克里斯蒂安四世

了腓特烈堡宫，拆掉了旧王宫。新的宫殿更加雄伟、富丽，同时也极尽奢侈。王宫被建在澄碧如镜的湖水包围的3个岛屿上。巍峨的城堡与碧波粼粼的湖面交相呼应，富丽晶莹。也有人称腓特烈堡宫为“水晶宫”。

克里斯蒂安四世还为哥本哈根留下了大量的宏伟建筑。其中，最为有趣的是一座高36米，直径15米的圆塔。塔内没有台阶，只有一条盘旋而上的斜坡通道，坡道全长209米。圆塔顶端还有一所专供天文学家观察和研究星星以及各种天体的天文实验室。后来，1716年俄国沙皇彼得大帝到访丹麦时，还骑马上塔，他的王后则乘坐四驾马车紧随其后。圆塔对面，克里斯蒂安四世还修建了可供100名大学生住宿的学生宿舍，以表达他对教育的重视。在目前尚存的那一时代的建筑中，最漂亮的要属4层的股票和证券交易所了。大厦正面用沙石和红砖砌成，楼层之间装饰有石块，石块上有花卉浮雕，屋顶和顶楼尖塔的塔身用青铜片建成。尖塔顶上装饰有4条石制的鳄鱼，鳄鱼的尾巴缠绕在一起形成塔尖，蔚为壮观，十分奇特。

此外，克里斯蒂安四世还在哥本哈根东北面的城墙外购置了46块私人土地，将这些私人土地联合起来，建成了一座休闲花园，后来经过不断扩建，加建了城堡，被称为“罗森堡宫”。整座城堡由一条护城河围绕，北面的一座吊桥通向城堡的主入口。但在城堡南面，建在花园里的“绿桥”也可以离开城堡。据说城堡的建筑除了1634年加上的塔楼外，都是克里斯蒂安四世亲手设计并监工完成的。这座城堡被视为王室的避难所。克里斯蒂安四世格外钟爱此地，并最后在此辞世。城堡的“冬屋”里有克里斯蒂安四世从安特卫普买来的75幅油画，该房间的陈设至今未变。而“长厅”过去曾放置了24幅用来教育王室子孙的油画。后来在1705年到1707年间，弗雷德里克四世将“长厅”的装饰改为反映战争和政治主题的绘画穹顶。这次改变使得“长厅”的装潢成为欧洲最美丽的巴洛克风格的室内装修。

为了实现老忠臣尼尔斯·考斯的建议，在尼德兰工程师的指导下，丹麦还修筑了大量新的要塞，并不断扩充战舰。丹麦的海军从1596年只有22艘舰船的规模发展到了1610年有60艘的规模，其中一些战舰也是

克里斯蒂安四世自主设计的。据说,克里斯蒂安四世精力异常充沛,常常清晨4点就跑到建筑工地或造船厂,他如同一个承包商一般,兢兢业业地致力于国家的基础设施建设。因此,克里斯蒂安四世又被称为“伟大的建设者”。

冬屋

另一方面,克里斯蒂安四世也是丹麦第一个采取重商主义政策的国王,他积极扩展国家的对外贸易,在他的支持下,丹麦建立了西印度公司和东印度公司,几个新的港口得以兴建,同时还提高了对通过松德海峡船只所征收的税金。

但是在克里斯蒂安四世统治的后半期,3场战争拖垮了国家的财政体系,也使得丹麦走上了衰落和贫困的下坡路。最终这位曾经野心勃勃的建设者也变成潦倒不堪、众叛亲离、孤苦无依的独眼老人,悄然死去。

长厅

1611年到1613年间的卡尔马战争,是克里斯蒂安四世为了谋求声誉而发动的对瑞典的进攻。虽然拿下了瑞典东部重镇卡尔马,但是却对国家没有什么特别的意义。瑞典国王当时已经上了年纪,为了避免牺牲无辜的百姓，他提议与克里斯蒂安四世展开一场个人之间的决斗，来决定战争胜负。但是克里斯蒂安四世认为瑞典国王年老体弱，即使自己赢了也不会有面子，就断然拒绝了瑞典的请求。于是，瑞典王太子古斯塔夫·阿道夫带兵南下，进入当时属于丹麦的斯堪尼亚地区大肆蹂躏，给丹麦造成了很大损失。后来在1613年，丹麦和瑞典签署了对丹麦有利的《克奈雷德条约》，战争宣告结束。但是这场战争使得瑞典人对丹麦人痛恨至极，导致了后来瑞典对丹麦的入侵，使得丹麦在将近半个世纪里处于崩溃边缘。

1618年到1648年间的三十年宗教战争，原是德意志新教诸侯与天主教诸侯和神圣罗马帝国皇帝之间的内战。由于新教联盟得到了丹麦、瑞典和法国的支持，旧教联盟以教皇和西班牙为后盾，所以逐渐演变为了欧洲的国际战争。当时丹麦的国务委员会成员抱紧了脑袋，坚决恳求国王不要卷入战争，但是克里斯蒂安四世为了成为新教的救星，抢在瑞典的古斯塔夫二世之前在德国建立影响，就与英国和荷兰结成了联盟。他草率率领雇佣兵进入德意志境内，结果一败涂地。德国皇帝费迪南二世的军队，反击进入丹麦，沿途烧杀抢掠，奸淫妇女，无恶不作。冬季的时候，大量逃离村镇和庄园的丹麦人民活活冻死在了森林中。丹麦人经历了一场史无前例的战争浩劫。迫于形势，克里斯蒂安四世不得已与宿敌——瑞典的古斯塔夫二世——结盟，终于在瑞典的援助下击退了北上的德国军队。1629年，克里斯蒂安四世在吕贝克与德皇费迪南二世签署了屈辱的《吕贝克条约》，保证不再干涉德国内务，丹麦衰败之势不可逆转。

在三十年战争后期，进入法国—瑞典阶段后，克里斯蒂安四世认为遏制瑞典的时机到了，就与沙皇俄国结盟，试图吸引俄国反对瑞典。在三十年战争结束后的谈判中，他也在背后对瑞典进行捣乱。这使得瑞典人认为与丹麦开战不可避免。1643年5月瑞典枢密院决定向丹麦进攻，这次战争以瑞典统帅伦纳特·托尔斯藤森的名字命名，故而称为“托尔斯滕森战争”。这场战争对丹麦形势严峻，瑞典人以德意志境内的一些要塞为据点进攻丹麦，同时荷兰人也同意在海上以舰队支持瑞典。托尔

斯滕森指挥的波西米亚人的瑞典军队出其不意地迅速回师，直插丹麦南部。日德兰和斯堪尼亚地区遭受重大损失。尤其是日德兰半岛，几年内遭受两次战争的蹂躏，丹麦的国防力量陷于崩溃。托尔斯滕森的军队势如破竹，长驱直入，丹麦告急。1644年，双方最著名也最残忍的一场海战在荷尔施泰因和费马恩岛之间展开。当时，克里斯蒂安四世正在王船上，瑞典的一颗炮弹打来，弹片在船上四处开花，国王也被击倒。当时人们以为国王死掉了，万分惊恐和慌乱。可是不久，国王又自己站了起来，弹片击中了他的耳朵，他的一只眼睛被炸瞎。此时，他不顾自己的伤痛，继续鼓舞士气，最终使得丹麦海军坚持到了最后并击退了瑞典军。就是在这场战役中，丹麦人开始唱起“克里斯蒂安国王站在高高的桅杆旁”，这首歌后来成为了丹麦王室的专用国歌。但到了1644年的一场战争最终耗尽了丹麦的军事力量。克里斯蒂安四世被迫接受法国和荷兰的斡旋，于1645年和瑞典签订了屈辱的合约。丹麦首次失去了自己的领土。丹麦的哈兰地区割让给瑞典30年（但后来再也没有收回），16世纪从瑞典手中夺取的哥得兰岛重新还给瑞典。此外，丹麦承诺凡是瑞典的船只经过松德海峡一律不需缴费。至此，丹麦完全丧失了在波罗的海地区的霸权。

克里斯蒂安四世的晚景甚是凄凉。由于他与第二位皇后的关系不和，两人最终离婚。他的子女没有一个肯善待并照料他的，他的女婿也对他忘恩负义。临终前的国王同一位女仆共同生活，她还为他生了两个私生子。因为贫困潦倒，宫殿里的银器和包边的银子也都被剥下来变卖。国王最后回到他心爱的罗森堡宫，悄然辞世，结束了他功过参半的一生。

六、弗雷德里克三世与丹麦的君主专制

连年战争使得丹麦疆域缩小、经济萎靡，国家财政枯竭。弗雷德里克三世(Frederik III，1609—1670年在世，1648—1670年在位)登基后，继续向瑞典割地，被迫签署《罗斯基勒条约》，把丹麦的斯科讷、布莱金厄、

哈兰和博恩霍尔姆，以及挪威的特伦德拉格和布胡斯割让给瑞典。瑞典国王卡尔十世·古斯塔夫围攻哥本哈根时,丹麦一度告急,在荷兰人的帮助下才转危为安。丹麦人民把这一切都归为好战的贵族。随着市民阶层的兴起，他们与贵族之间的斗争也日益激烈。在1660年召开的议会会议上，市民代表出席会议并要求限制贵族特权，要求贵族与其社会阶层一样缴纳同等额度的税金。弗雷德里克三世利用这一时机，将政治改革提上了日程。他提拔了一些德国人和其他外籍人士,使之成为贵族,从尔扶植了一批新贵族。这些人为国王效劳,忠心耿耿,却不享有特权。后来,弗雷德里克三世在城市资产阶级和神职人员的拥戴下,废除了国家议会,宣布将经选举产生的、权限受限的君主制度变为纯粹世袭制的、权力不受限定的专制君主制。这一改革,大大削弱了旧贵族手中的实权,沉重打击了旧式贵族。过去,各行政区从属于贵族阶级的采邑持有者管理,现在则改为由拿薪金的“文官”掌管。1665年11月的“国王法”进一步对这项改革予以法律上的确定。从而使丹麦的封建君主专制政体得到了最终的确认。与此同时,弗雷德里克三世还与路德教派的势力联合,宣扬君权神授,在意识形态领域也大大强化了国王的权力,封建领主和旧贵族的势力不可逆转的日渐衰落,形成了君主和官僚贵族(即新贵族)联合掌权的政治格局。

窗边的弗雷德里克三世

这一时期,弗雷德里克三世的家内纷争也足以令他心焦力竭。他的妹妹丽昂诺拉和王后关系紧张,妹夫乌尔菲尔特也试图叛国。当丽昂诺拉去英国向英王查理二世讨债时,英国为了赖账,将她引渡给了丹麦。丽昂诺拉被囚禁在高塔中达21年之久,饱受王后的虐待和报复。丽昂诺拉以坚强的意志抵御各种折磨和迫害，竟然在狱中写了一本书，名为

《Jammersminds》，意为《悲哀的回忆》或《艰难的历程》，成为了丹麦文学史上的一部古典名著。

七、弗雷德里克六世的“开明专制”

1685年，弗雷德里克三世的继位者克里斯蒂安五世（Christian V，1646—1699年在世，1670—1699年在位）颁布了《克里斯蒂安五世丹麦法》，这是一部全国性的法典，进一步强化了君权，削弱了旧贵族的势力。贵族彻底地丧失了过去享有的免税特权，不能再肆意占有大片土地，政府的高等职务也不再为其垄断。但是，新兴市民阶级和社会的其他等级并没有因此获得更大的权力。1701年实施的农民义务法和1733年实施的地主强迫劳役法，都将农民更牢固的束缚在了土地上。虽然，这一时期，在丹麦宫廷内部有一些德裔幕僚试图推行“开明专制制度”，但是真正实施这一改革的步伐却是异常缓慢的。

推行开明专制的弗雷德里克六世

经历了大半个世纪的权力争斗，直到弗雷德里克皇太子摄政后，丹麦的社会和经济体制改革才真正的开始启动。弗雷德里克皇太子即后来的弗雷德里克六世（Frederik VI，1768—1839年在世，1784—1808年间以父之名担任丹麦执政，1808—1839年间任丹麦国王，1808—1814年任挪威国王）。在他在位期间，丹麦社会经历了飞速的变迁和改革。1788年，农奴制度在丹麦被废除，农民的生存状况得到了很大的改善，过去的义务劳役制也改为了佃赋制，解除了农民对地主的人身依附关系。大多数的农民成为了“官册土地持有者”，即持有一块经过官方注册并可以继承的土地。农民获得了迁徙的自由，可以购买土地，可以自行决定自己土地的使用方式。这一时期，耕作方式和农具也获得了很大的改良，由此大片荒废的土地获得了重新开发，丹麦的农业获得了显著的提升。为了感谢弗雷德里克皇太子的改革之功，在哥本哈根的市中心树立了一座方尖石碑，是丹麦农民的“自由纪念碑”。农业改革促使丹麦经济呈现全面繁荣，丹麦成立了东印度公司，在西印度群岛和几内亚也获得了殖民地。1792年，丹麦率先停止从西印度群岛输入黑奴，成为世界上第一个禁止奴隶买卖的国家。1797年，新的关税法颁布，自由贸易获得了进一步的大发展。这一时期，丹麦—挪威的商船成为了仅次于英国的排名第二的船队，航运业获得了巨大利润。

但是，内政开明的弗雷德里克六世在处理大国政治和外交上并不怎么出色。内政改革所带来的经济成果很快就被无情的外部战争所摧毁。1800年，英国对法作战期间，当时还是皇太子的弗雷德里克选择与俄罗斯帝国和普鲁士王国共同宣布武装中立。但是这一立场令英国人异常不满。英国人试图说服丹麦退出中立，遭到拒绝后，马上出其不意地出兵攻打丹麦，对丹麦舰队造成重创。弗雷得里克见机不妙，本想转而与英国结盟，哪想英国再次先发制人，在1807年派庞大的舰队试图征服丹麦。英军坚持要没收丹麦的海军，这一要求当然不会得到满足，结果在同年的9月2日，英国舰队炮轰哥本哈根，用武力获取了丹麦的全部舰队。这激怒了丹麦，丹麦不得不放弃摇摆的态势，坚决与法国结盟，试图对抗英国，以及与英国结盟的瑞典。但是，不幸的是瑞典在贝纳多特元帅的领导下迅速抛弃法国，进入反法联盟的阵营。瑞典军队在1814年从丹麦手中夺取了挪威。战败的丹麦不得不签署《基尔合约》，同意割让挪威给瑞典，从而结束了近400年的丹麦—挪威联盟。这次战败使得丹麦在欧洲的地位一落千丈，海上贸易遭到重创，国家财政几乎崩溃。

面对危机，弗雷德里克六世决定放弃早年的开明改革思想，试图推行保守的独裁统治以稳定国内局势。克里斯蒂安六世1839年去世后，由

于他的儿子都先他离世，所以丹麦的王位不得不由他的表弟克里斯蒂安继承，称克里斯蒂安八世。

八、绝后的弗雷德里克七世与君主立宪制的建立

接受君主立宪的弗雷克里克七世

克里斯蒂安八世(Christian VIII,1786—1848年在世,1814年曾以克里斯蒂安·弗雷德里克的名号短暂担任挪威国王,1839—1848年期间担任丹麦国王)上台之前,因其具有一定的民主思想,而被自由派寄予厚望。但是他上台后,却否决了各项自由主义改革的提案,只允许进行一些行政管理方面的微调。1848年,他因败血病死于阿马林堡宫。他的继任者弗雷德里克七世(Frederik VII,1808—1863年在世,1848—1863年在位)面对风起云涌的改革呼声，特别是为了应对1848年革命的风潮，同意召开“立宪会议”,起草一部自由宪法。他这样做的目的:一是为了争取丹麦民众的支持;二是为了阻止德意志统一运动的威胁,试图保住荷尔施泰因和石勒苏益格这两个公国。1849年6月5日,“立宪会议”通过并签署了新宪法,弗雷德里克七世宣布废除君主专制政体,代之以君主立宪制,建立以民族自由党为中心的内阁,成立上、下两院组成的议会。下院实现普选制,30岁以上的男性成员享有选举权，上院的选举资格依然有一定的财产限制。新宪法的颁布宣告了历时约两百年的丹麦君主专制政体(从1665年弗雷德里克三世颁布《国王法》开始到1849年弗雷德里克七世承认“立宪会议”的《新宪法》)的彻底结束,从此以后,丹麦王室进入了新的历史阶段。直到今天丹麦议会的门口还有一座弗雷德里克七世的骑马

像,底座上镌刻着他的名言:"人民的爱,我的力量"。

这部新宪法满足了丹麦人民对自由的渴望，却没能保住南部的两个公国。石勒苏益格和荷尔施泰因因为想加入德意志联邦，而与丹麦方面发生争端,爆发"普丹战争"。丹麦方面本想让荷尔施泰因加入德意志联邦，而保留石勒苏益格，但是这两个公国内部有不可分割的协定。第一次战争中,丹麦勉强保住了这两个公国，但在第二次战争中，又败给了德意志联邦，最终放弃了这两个公国，它们最后成为了普鲁士王国的一个省。

弗雷德里克七世的第三任王后,平民出身的女子路易丝·拉斯姆森

此外，更令弗雷德里克七世蒙羞的是他糟糕的婚姻生活以及没有子嗣的苦恼。弗雷德里克的前两次婚姻都以离婚收场。1850年,他不顾众人反对，坚持迎娶了一位女帽商路易丝·拉斯姆森 (Louise Rasmussen),并册封她为丹纳女伯爵,以掩盖她卑微的出身。路易斯·拉斯姆森本是一名私生女,曾当过芭蕾舞演员。据说弗雷德里克七世第一次结婚时,她还曾参加庆典,在当时的《精灵山》剧目中参与演出。

由于此前她多年扮演弗雷德里克七世的情妇角色,加之身世复杂,因此他们的婚姻遭到了贵族和保守势力的攻击和谴责。虽然这位新王后具有一定的亲民特质,且曾受到部分下层民众的爱戴,但是他们的婚姻一直饱受丑闻的困扰。曾有野史指出,弗雷德里克七世曾与丹特女伯爵的前任情夫,也是他的多年挚友印刷商卡尔·柏林(Carl Berling)关系

密切。而后者据说是位双性恋，还与丹特女伯爵早年生有私生子。弗雷德里克七世夫妇和卡尔·柏林的三角关系曾是当时公开的秘密，为丹麦贵族阶层所不容。弗雷德里克七世的3次婚姻都没有给他带来任何儿女，他被怀疑患有不育症，由此也成为了丹麦奥尔登堡王朝的最后一位君王。

第十一章
丹麦皇室:格吕克斯堡王朝

一、欧洲的祖父:克里斯蒂安九世

二、克里斯蒂安十世:冰岛唯一的国王

三、水手国王:弗雷德里克九世

四、女王玛丽特二世

五、弗雷德里克王储与澳大利亚平民王妃

六、约阿希姆王子与香港王妃文雅丽

一、欧洲的祖父：克里斯蒂安九世

弗雷德里克七世没有合法子嗣的问题，在丹麦引发了一场继承危机。经过多方斡旋，最后由克里斯蒂安三世国王的九世玄孙、弗雷得里克七世表兄弟的后人、丹麦公主的女婿克里斯蒂安即位，称克里斯蒂斯安九世(Christian IX，1818—1906年在世，1863—1906年在位)，开创了格吕克斯堡王朝。这一王朝的祖先可以上溯到世袭的石勒苏益格-荷尔施泰因-索恩德堡-贝克公爵，最后一任贝克公爵弗雷德里希·威廉被称为格吕克斯堡公爵，由此这一家族后来也被称为格吕克斯堡家族。可以说这一家族最先只是石勒苏益格-荷尔施泰因公爵治下的一个封臣，因为格吕克斯堡公爵迎娶了丹麦国王弗雷得里克三世的孙女、黑森·卡塞尔公主路易斯·卡洛琳，从而成为奥尔登堡王朝的一个分支。这一家族起先势力非常弱小，但是通过联姻，克里斯蒂安九世将这一家族的触角深入到了欧洲诸多王室的内部，由此克里斯蒂安九世也被称为“欧洲的祖父”。

欧洲的祖父克里斯蒂安九世

克里斯蒂安九世的长子后来继承丹麦王位成为弗雷德里克八世，他迎娶了瑞典国王卡尔十五世的女儿洛维莎公主，两人生有四子四女，其中长子继续继承丹麦王位称克里斯蒂安十世，次子继承了挪威的王位，称哈康七世。克里斯蒂安九世的长女亚历山德拉嫁给了英国维多利亚女王的长子爱德华，爱德华即位后称爱德华七世，他们的后裔就是今天英国王室的核心成员。克里斯蒂安九世的次子后来当上了希腊国王，称乔治一世，其统治一直到1973年被废黜。克里斯蒂安的次女嫁给了俄国沙皇亚历山大三世，改名玛利亚·费奥多芙罗娜。克里斯蒂安九世的幼女提拉成为了汉诺威王储妃，提拉的孙女弗雷德里卡后来是希腊王后。克里斯蒂安九世的幼子也迎娶了法国显赫的女公爵。也就是说克里斯蒂安九世的3个女儿分别成为英国、沙皇俄国的王后，以及汉诺威的准王后(提拉的丈夫即位时正赶上第一次世界大战，汉诺威王室后来倒台了)。他的儿子和孙子们分别成为了丹麦、挪威和希腊的国王。克里斯蒂安九世这6个子女的后裔继续与欧洲大陆的其他王室联姻，他们成为了西班牙王后、南斯拉夫王后、罗马尼亚王后、瑞典王子妃、克罗地亚王后、意大利奥斯塔公爵夫人。如今英国伊丽莎白女王的丈夫，原是希腊王子菲利普，他是希腊国王乔治一世的孙子，也就是克里斯蒂安九世的曾孙。

二、克里斯蒂安十世：冰岛唯一的国王

克里斯蒂安九世国王去世后，弗雷德里克八世（Frederik VIII，1843—1912年在世，1906—1912年在位）即位，但是他在位期间非常短暂，到了1912年他的长子克里斯蒂安十世（Christian X，1870—1947年在世）即位。克里斯蒂安十世，在1912—1947年间担任丹麦国王，在1918—1944年间兼任冰岛国王，而且也是冰岛历史上唯一的一位国王。

"二战"期间，德国占领丹麦后，克里斯蒂安十世国王坚持每天盛装骑马巡视哥本哈根，表达他对丹麦拥有独立的主权，以鼓舞丹麦人民。图为他在巡视途中受到民众的拥戴

作为丹麦国王的克里斯蒂安十世伴随着丹麦度过了两次世界大战。在他即位不久，第一次世界大战爆发，他在战争中呼吁丹麦、瑞典和挪威保持中立立场，尽量避免卷入纷争。1915年，他颁布了允许妇女参政的新宪法，1917年把丹属的维尔京群岛出售给了美国。"一战"后，丹麦还从德国手中收复了在普丹战争中被普鲁士占领的北石勒苏益

格地区。在第二次世界大战期间，丹麦被德国占领，沦为德国的所谓“合作国”。克里斯蒂安十世拒绝出国避难，坚持与他的子民并肩坚守。通过积极的政治斡旋，丹麦在纳粹德国占领国中得以保持了很大的自治性。他还暗中授意丹麦驻美大使亨里克·考夫曼组织“自由丹麦运动”，将冰岛和法罗群岛交予同盟国管理，并要求全部的丹麦商船队协助盟军的反德行动。可以说克里斯蒂安十世一直是丹麦地下抵抗运动的积极支持者和精神领袖。

克里斯蒂安十世备受世人尊敬，还有一个重要原因：他在纳粹的种族清洗中坚持人道主义的立场，保护了本国大量的犹太人。丹麦是当时唯一一个积极抵抗纳粹政权驱逐犹太人政策的被占领国。德军占领丹麦后，曾要求丹麦犹太人佩带黄色六角星标志，国王克里斯蒂安十世随即表示他将首先佩带一枚黄色六角星作为荣誉标志。在国王的影响下，丹麦民众纷纷佩带上大卫王之星，这使得纳粹德国的军队很难识别出人群当中谁是真正的犹太人。1943年9月，当德国外交官格奥尔格·费迪南德·杜克维兹(Georg Ferdinand Duckwitz)秘密通知丹麦抵抗组织，纳粹正计划驱逐丹麦犹太人时，丹麦人迅速做出反应，在全国范围内展开救助行动。其主要方式是秘密将犹太人通过海路运往中立国瑞典避难。在两周的时间内，丹麦渔民在丹麦和瑞典的狭窄海域之间冒着生命危险摆渡船只，将大约7200名丹麦犹太人以及他们的680名非犹太裔亲属运送到了安全地带。此外还有大约500名丹麦犹太人被驱逐到了位于捷克斯洛伐克的特莱西恩施塔特隔都。这批犹太人中除了51人遇难外，大部分都在大屠杀中幸免遇难。这些获救的犹太人中包括量子物理学界著名的波尔父子，他们全家从哥本哈根出逃到瑞典后，被英国方面空运到了英国。他们掌握着制造原子弹的核心技术，如果被德军控制，后果将不堪设想。

1945年3月，丹麦的抵抗运动达到了又一次高潮，全国的铁路系统瘫痪，全部拖船都驶到了瑞典，港口也陷入瘫痪。5月5日，第一批英国军队在哥本哈根卡尔斯特鲁普机场降落，5月7日丹麦解放。克里斯蒂安十世和王后在5月9日出席了战后第一届国会开幕仪式，丹麦重获独立。克里斯蒂安十世也因为在战争中对纳粹采取“消极合作，暗中抵抗”的立场而受到各国的认可和尊敬。

作为冰岛国王的克里斯蒂安十世，也见证了冰岛短暂的一段王国历史。冰岛在公元7世纪时由爱尔兰僧侣占领，将其视为一个修隐之处。一直到公元9世纪初，这种平静的状态才得以打破。公元874年到930年左右，被视为是冰岛的“垦殖期”，当时的斯堪的纳维亚半岛政局动荡，很多诺曼人不愿意遭受挪威君王的残暴统治，纷纷流亡至此，并以“浮冰”为由给此地取名“冰岛”。早期的冰岛人反对斯堪的纳维亚的君主政体，不要国王。公元930年建立了由13个小国组成的冰岛联邦和国会，成为世界上第一个“议会政体”。该国会由39位首领组成，只有制定法律及仲裁权，没有行政权。国会每年6月在雷克雅未克附近的一处固定地点召开，露天的集会大约要持续一到两周，任何一位自由的男性公民都可以旁听国会的讨论并发表自己的意见。这种和平协商的局面维持了200年，直到13世纪初氏族部落相互攻讦，挪威开始控制冰岛，才结束了这种原始的“议会政体”。1262年，冰岛成为挪威的附属国。1397年，丹麦统一了挪威和瑞典，冰岛作为挪威的一部分也被丹麦控制。直到1874年，也就是诺曼人移居冰岛1000年的时候，丹麦允许冰岛自治。1918年冰岛成为一个主权国家，但是根据协议在外交上依然受到丹麦的控制。这一时期，冰岛的政体依然是仿照丹麦实行君主制，由此丹麦国王克里斯蒂安十世也兼任了冰岛国王。但到了1940年，德军占领丹麦，丹麦无暇顾及冰岛，英国军队和美国军队先后驻扎冰岛。到了1944年，冰丹会议宣布正式解除冰岛和丹麦之间的联盟关系，冰岛废止了君主制，改为共和制政体。独立的冰岛共和国在1946年加入联合国。由此，克里斯蒂安十世也就成为冰岛历史上唯一的一位国王，在位25年。

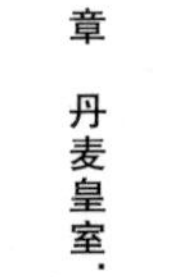

三、水手国王：弗雷德里克九世

克里斯蒂安十世的长子弗雷德里克在1912年被立为王储。他在1917年加入丹麦海军，1935年晋升为中校，1946年成为海军少将。1942年

水手国王弗雷德里克九世

到1947年间担任父王的摄政，1947年4月20日正式继承王位，称弗雷德里克九世（Frederik IX，1899—1972年在世，1947—1972年在位）。他早年就读于哥本哈根大学和丹麦海军学院，酷爱旅行和航海，年轻时曾乘船周游世界。在日本时还曾文有一身文身，上面有两条中国龙，养成了一套水手习气，所以也被称为“水手国王”。据说早年他曾与希腊公主订婚，但是因为不羁的生活习惯，两人的婚事不了了之。1930年，他还曾造访过中国的上海和南京。“二战”期间，他积极协助父王暗中支持抵抗组织，一度被德军监禁。20世纪60年代，在他在位期间，丹麦经历了重大的社会变革，走向现代化的国家要求对王室的地位做出进一步的调整。早在1947年，弗雷德里克九世继位之初，就同意国王不再拥有任何实际的政治权力，进一步确认了君主立宪制度。国王只负责主持组成新政府的谈判，只是在形式上代表政府首脑，在外交上代表国家形象。1953年3月27日丹麦通过了《继承法案》，继续确认了格吕克斯堡家族的王位继承权，规定克里斯蒂安十世的后裔有权继承王位，儿子比女儿有优先继承权，但是在没有儿子的情况下，可有长女继承。国王也发表声明尊重国家的宪法，未经议会同意不得擅自结婚，并坚持信奉福音路德教。种种细致的限定，事实上标志着君主制的名存实亡，丹麦王室实现了完全的转型：从一个拥有权力的社会最高等级转变成了只在形式上象征国家的毫无实权的荣誉家庭。

四、女王玛格丽特二世

现任的丹麦女王玛格丽特二世（Margrethe II，1940年至今在世，1972年至今在位）是弗雷德里克九世和其王后即前瑞典公主英格丽德·贝纳多特的长女。她于1940年生于丹麦哥本哈根的爱玛莲堡宫，在海军教堂领受洗礼。由于她出生时正值德军占领丹麦，她的母亲为了鼓舞丹麦人民的士气，常常推着婴儿车中的小玛格丽特穿梭于哥本哈根的街巷，以表达丹麦王室的无畏与勇气。

玛格丽特二世女王和亨利特亲王

玛格丽特自幼接受良好的教育，曾赴海外留学，在法国巴黎大学、英国剑桥大学和伦敦政治经济学院进修学习。他还曾跟随外祖父、瑞典国王古斯塔夫六世在丹麦和意大利进行考古发掘和研究。由于他的父亲没有男性继承人，丹麦政府在1953年修订了王位继承法，为其上台铺平了道路。玛格丽特在18岁时开始随父王列席议会会议。她的第一次列席简直成为了丹麦的庆典。当时哥本哈根举行了花展，并组织了庞大的乐队演出，如同庆祝节日一般庆祝女王储的成年。1965年，玛格丽特与法国驻英国大使馆的外交官亨利·蒙佩兹伯爵结识并相爱。两年后，两人在哥本哈根弗雷登斯堡教堂按照丹麦传统习俗举行了盛大的婚礼。亨利·蒙佩兹被封为亨里克亲王，他在法国文学和东方语言学方面具有一定的建树，是一名知名的学者并出版过多部著作。玛格丽特1972年正式即位后，为了纪念丹麦历史上著名的“无冕女王”玛格丽特一世，称玛格丽特二世。由于玛格丽特一世在位期间，很大程度上是以她独子奥拉夫的摄政的名义执政，并未正式加冕，由此，玛格丽特二世算得上是丹麦历史上第一位公开受到承认的女王，从而极大冲击了丹麦王室500多年来男性至上的传统。玛格丽特二世执政30多年来，形象亲和，生活简朴，哥本哈根市民经常会在超级市场与穿牛仔裤买菜购物的女王擦肩而过。

女王的业余爱好是绘画，她曾绘制过图书插图，设计过邮票、圣诞卡片，以及为安徒生童话故事的演出设计过演员服装。1990年，女王的个人画展在哥本哈根开幕，她的画作受到了丹麦画坛专业人士的认可。女王的烟瘾很大，曾经在看望一位受到救济的哮喘病人时，习惯性地抽烟，被戏称为“烟灰缸女王”。后来丹麦禁止在公共场合抽烟，女王一度成为禁烟运动者攻击的靶子。最后她也不得不有所节制，只能在王宫一个偏僻的角落偶尔过过烟瘾。

玛格丽特二世女王和亨里克亲王的两个儿子分别在1968年和1969年出生，他们被称为弗雷德里克王储和约阿希姆王子。

五、弗雷德里克王储与澳大利亚平民王妃

现今的丹麦王储弗雷德里克，曾就读于美国的哈佛大学，毕业后担任丹麦驻法国大使，还曾在丹麦海军服役。年轻的王储风度翩翩，英俊不凡，早年罗曼史不断，是一位著名的“花花公子”。据好事的媒体统计，婚前，王储至少有7段恋情。媒体还曾拍下他与一名丹麦女歌手一起裸泳的照片。但是在2000年的悉尼奥运会上，他与澳大利亚平民女子玛丽·伊丽莎白·唐纳森相遇，上演了一部现代版的灰姑娘童话。

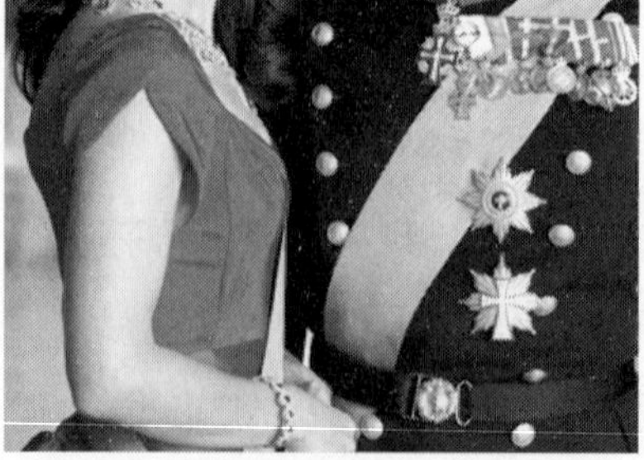

丹麦现任王储弗雷德里克和澳大利亚平民王妃

玛丽·伊丽莎白·唐纳森1972年出生于澳洲塔斯马尼亚的霍波特，她的父亲是来自苏格兰的数学教授，她的母亲则在大学担任秘书的工作。1975

年，她正式成为澳大利亚公民。大学时代的玛丽曾担任女子曲棍球和游泳队的队长，大学毕业后她前往墨尔本，在一家国际广告公司担任与体育相关的工作。2000年悉尼奥运会开幕后，她跟女友一起到悉尼市中心的一家酒吧消磨时光，两个女孩子热烈地讨论酒吧中男人们的胸毛。坐在邻座的3位男子自告奋勇撩起衣服，让两位女士评判。这3个男子正是便装出行的丹麦王储弗雷德里克、他的弟弟约阿希姆王子以及表弟希腊的尼古拉斯王子。当时弗雷德里克王储正担任丹麦帆船队的领队。随后两人展开3年的爱情长跑。一年后，玛丽·唐纳森迁居哥本哈根，在王宫附近租了一所公寓，开始在丹麦的微软公司工作，并学习丹麦语，了解丹麦的历史和文化。这位澳大利亚的灰姑娘非常低调，从没有接受过任何一家媒体的采访。她的谦虚和平和赢得了丹麦王室以及普通民众的认可。2003年她正式觐见了玛格丽特二世女王，同年8月女王首次透露她将批准儿子与澳大利亚平民女子的婚姻。两人2004年5月14日在哥本哈根举行了盛大的婚礼。婚后，两人先后育有一名王子和一位公主，2011年1月，38岁的王储妃再次产下一对龙凤胎，这成为丹麦王室中的第一对双胞胎后代。

如今，玛丽·唐纳森与弗雷德里克王储相遇的悉尼酒吧成为无数梦中少女的朝圣之地，她们希望同样的爱情神话能再次发生。

六、约阿希姆王子与香港王妃文雅丽

约阿希姆王子为中国人所熟悉，在于他曾经迎娶过一位“港产王妃”文雅丽。但是这段跨国童话却悲情收场。约阿希姆王子早年曾在王宫中接受过私人教育，在法国诺曼底的寄宿学校学习。高中毕业后到澳洲的农庄工作一年。1991年到1993年，在法尔斯特岛完成了农业经济学的课程。期间，他还曾在丹麦军中服役，先后担任后备军指挥和坦克队指挥官等职务。直到今天，他仍然在军中较为活跃。为了学习经商，约阿希姆曾在1993年到1995年间到访中国香港。在此期间，遇到了香港女子文雅丽。文雅丽全名为亚历山德拉·克里斯蒂娜·曼丽，她1964年生于香

约阿希姆王子与“港产王妃”文雅丽

港，父亲是一半中国一半英国血统的银行家，母亲则是有波兰血统的奥地利人。有四分之一中国血统的文雅丽在香港长大，会说广东话，是一家跨国公司的高级管理者，称得上是商界女强人。一次晚宴上，她邂逅了丹麦王子约阿希姆，两人一见钟情。5个月后，热恋中的他们就私定终生。1995年11月两人在丹麦希勒勒的腓特烈城堡教堂举行婚礼，文雅丽成为第一位嫁入丹麦皇室的亚裔女子。婚后，她积极参加各种社会活动，迅速融入了丹麦社会，并受到了丹麦百姓的爱戴。她曾用300小时迅速掌握了丹麦语，这被视为一个传奇。文雅丽甚至将她的父母也接到丹麦生活，她跟她的娘家都成了地道的丹麦人。文雅丽热心公益事业，曾一度担任21个社会服务组织的工作人员。她还是联合国儿童基金会丹麦分会的主席。在丹麦人心目中，她的地位有点儿像英国的戴安娜王妃，深得民心。对此，文雅丽说：“戴安娜订婚时只有19岁，而我结婚时已经31岁，那时我清楚地知道自己是什么样的人，我做出了自己的决定。我知道，我不仅仅是嫁给了一个人，而是嫁给了他的整个国家。”1999年和2002年她分别为丹麦王室产下尼古拉和菲利克斯两位小王子。但是，比她小5岁的丈夫约阿希姆王子的表现则差强人意。约阿希姆王子更多的时候是出现在球场、赛车场和摇滚演唱会上，被媒体称作是“派对王子”。婚后，约阿希姆王子继续沉迷于酒色，使得两人的婚姻步履维艰。2004年，文雅丽和约阿希姆王子公开宣布分居，次年两人正式离婚，这是丹麦王室自1846年以来的首次离婚案。上次离婚案是当时丑闻不断的弗雷德里克七世与德国公主卡洛琳离婚。

离婚后的文雅丽选择继续生活在丹麦，2007年她不惜放弃王妃的称号，下嫁了比她小15岁的马丁·约根森，约根森此前是王室的御用摄影师。再婚的文雅丽保留了腓特烈女伯爵的称号，并继续享受王室津贴，但在生活上，她已经变得完全平民化了。

2008年，约阿希姆王子也与时年32岁的法国女友玛丽·卡瓦利耶结婚。玛丽·卡瓦利耶生于法国巴黎的平民家庭，婚后，她放弃了法国国籍，改入丹麦国籍，并获得了“玛丽王妃殿下”的称号。

文雅丽和约阿希姆王子这段曾经的爱情佳话最终以劳燕分飞、各得其所的方式结束。两人在婚姻上的自主性也反映了丹麦王室传统势力的式微，新世纪的社会环境使得王室的神圣性、严肃性备受考验。丹麦王室迎来了平民化的新时代。

第十二章
作为区域内聚力的北欧皇室

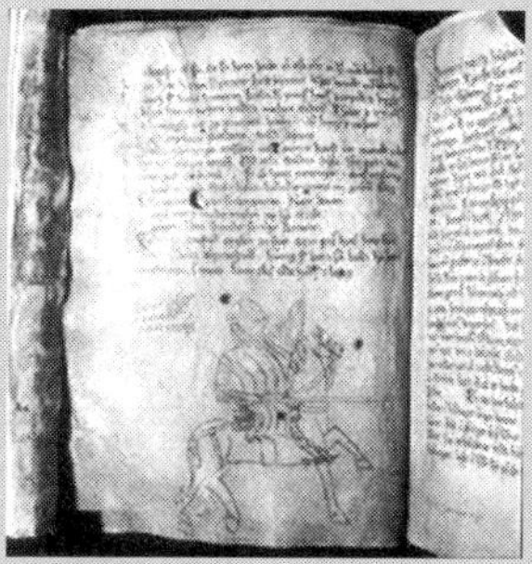

领略了挪威、瑞典和丹麦这3个王国的历史进程之后，善于思考的读者朋友们一定会问一个问题：革命的年代在哪里？

在斯堪的纳维亚半岛为什么没有看到法国大革命、英国光荣革命和美国独立战争式样的大事件？

资产阶级推翻封建统治的历史跑到哪里去了？

的确，这是一个敏锐的问题，也切中了北欧王室的要害。要回答这个问题，我们需要将北欧王室的经历放进一个更广阔的比较中去。整体而言，在斯堪的纳维亚地区，王权的神圣性和独断性因为世袭上的不严格、决策上的不自主而受到了严重的侵蚀。

纵观北欧的历史，可以发现北欧地区的封建化进程，较欧洲大陆而言，起步很晚。公元8世纪后，随着海盗活动的兴盛，对外交流的增多，北欧国家才开始模仿中、南欧地区开始中央集权的过程。但是受制于北欧地区独特的政治、经济和文化生态的影响，这一进程的发展脚步异常缓慢。9世纪初，北欧很多地区都建立起了地方性的公民大会，贵族势力也不是紧紧围绕在王室身边。相反贵族们往往借助公民大会之口来限定王室成员的行动。在文化传统上看，北欧人早期信仰奥丁神，认为王室是奥丁神的后裔。但是由于在北欧神话体系中人神关系是亲昵的，是较基督教更为世俗化的，所以北欧人认为国王的权力绝非是至高无上的：王室只是人民的大家长，是带领者，是有权威而不专断的大酋长。公民大会与王室形成了一种类似卢梭所说的“社会契约”的关系，有效制衡了国王的独断专行。选举君主制的长期存在，就是最好的明证。公民大会和贵族集团可以按照各自的利益诉求在王室内部选立王储，甚至在危机时刻，随意罢黜国王。更有甚者，如瑞典，邀请了一位毫无半点儿北欧血统的法国将军入主北欧。这在西欧和南欧人看来，简直是无法想象且不可理喻的。

北欧“早产的民主”，公民大会的强大可以追溯到王权建立的初期。13世纪冰岛著名文学家斯诺里·斯图尔松在其名著中就记载了一场

1030年召开的公民大会,他生动说明了民众的意志对王室的制约力。时值挪威和瑞典正处于冲突之中,挪威国王哈拉尔德试图进行和谈,而瑞典国王埃里克森则力主集结兵力,发动战争。瑞典国内的臣民对国王的立场表达了强烈的不满。在公民大会上,代表发言人托尼声色俱厉地警告国王说:“如果你不按照我们的要求办事，我们绝对不容忍你这个无法无天的捣乱鬼,我们将会与你为敌,并杀了你！我们的祖先一直都是这样做的,在姆拉坪,已经有5个像你一样的傲慢的国王被丢进井里了！好了,快回答,你究竟何去何从吧！”与会者立即以热烈的喝彩表达了对发言人的支持。国王面有惧色,不得不乖乖表示听话。

对王权的种种限制还体现在国家的宪法中。丹麦、瑞典和挪威保存下来的最早的宪章分别见于1282年、1319年和1448年。这些宪章的条款对各国国王都有明确的限定。例如,1282年的丹麦宪章这样规定:除非经过正常的法律程序证明了被指控者有罪，且他本人也在毫无胁迫的情况下承认罪行,国王才有权关押他。否则国王不得擅自关押任何人。这种规定,在古代的大多数国家看来都是少见的。

12到13世纪以后,除国民大会以外,等级会议和国务委员会制度相继在北欧三国建立,这进一步使得限制王权获得了制度上的保障。在中世纪后期,北欧三国的国务委员会不仅只是国王的咨询机构,也是国王行政决策的直接监督机构。各国的国务委员会无一例外的被封建贵族集团所掌控,对国王的重大决策拥有否决权,对暴君或无能的君主甚至有罢黜的权力。也就因此,绝对君主专制制度,即国王“一言堂”的局面在北欧地区出现的很晚,很短。在专制程度上根本无法跟中国的“东方专制主义”和法国的“太阳王路易十四时代”相提并论。17世纪初,瑞典国王古斯塔夫二世,击败了波兰、德国和俄国,使瑞典成为波罗的海一霸,而史学家们把他成功的主因归为人民的拥护和爱戴。1849年,丹麦正式颁布了第一部君主立宪制的宪法，丹麦国王弗雷德里克六世当时有句名言:“人民的爱戴是我的力量源泉。”

风起云涌的资产阶级暴力革命,从来没有在北欧地区真正出现过。反倒是温和的渐进改革贯穿了北欧现代化的转型历程。北欧现代资本

主义制度的建立和发展,基本上是在国王的支持下,通过颁布一条条开明的法律而逐步实现的。1849年、1866年和1884年,丹麦、瑞典和挪威的君主接受了民众的呼求,顺应了历史的潮流,使得三国在平静中顺利过渡到了资产阶级君主立宪制。由此避免了流血的革命,悄然结束了软弱的封建君主专制制度。这些被北欧政治家和史学家津津乐道的“和平革命”,实际上反映了封建势力和城市资产阶级以及农民阶层的大妥协。这种妥协既是北欧中世纪早期民主萌芽的延续,更为后来北欧现代政治文化中,无产阶级和资产阶级的联合提供了条件。随着社会民主党势力的崛起和社会改良举措的实施,现代的北欧最终走上了“中间道路”——既不是完全的资本主义,也不是彻底的社会主义。

北欧地区严峻的气候和自然条件,塑造了北欧人务实和灵活的民族心态,也让国王和民众形成了一种齐心协力的共识。举世闻名的北欧福利国家模式,在很大程度上也源于这种对社会各个阶层的包容与关照。正是因为封建等级制度不严格,专制王权不强盛,才使得北欧各国的农民阶级拥有较高的社会地位和政治上的发言权。早在1814年、1827年和1842年,丹麦、挪威和瑞典就实施了七年义务教育法。这3个国家又在1901年、1913年和1918年实现了普遍选举法。而这一切都与君主的开明与识时务有密切关系。换言之,北欧皇室在历史上的积贫积弱,对北欧当代社会生活和政治体制发挥了一种潜在的积极影响。

通过这场“不出户庭,而思接千载”的历史漫步,我们明白了这冰火传奇中所蕴含的意味:不单是简单的对立,更是一种冲突中的和谐。冰天雪地里的北欧人,围在篝火前,获得了一种特有的斯堪的纳维亚式的内聚力,这心中的温存才是“火”的真正含义。

附录一

挪威、瑞典、丹麦三国的王室谱系

挪威君主列表

古挪威王国(872—1319年)

哈拉尔德一世(872年—930年在位)

埃里克一世(930年—934年在位)

哈康一世(934年—961年在位)

哈拉尔德二世(961年—976年在位)

哈康侯爵(976年—995年在位)

奥拉夫一世(995年—1000年在位)

斯万(999年1015年在位)

圣奥拉夫二世(1015年—1028年在位)

克努特大帝(1028年—1035年在位)

马格努斯一世(1035年—1047年在位)

哈拉尔德三世(1046年—1066年在位)

马格努斯二世(1066年—1069年在位)

奥拉夫三世(1066年—1093年在位)

哈康·马格努森(1093年—1094年在位)

马格努斯三世(1093年—1103年在位)

奥拉夫·马格努森(1103年—1110年在位)

爱斯坦因·马格努森(1103年—1123年在位)

西古尔德一世(1103年—1130年在位)

马格努斯四世(1130年—1135年在位)

哈拉尔德四世(1130年—1136年在位)

西古尔德二世(1136年—1155年在位)

爱斯坦因二世(1136年—1157年在位)

英格一世(1136年—1161年在位)

哈康二世(1159年—1162年在位)

马格努斯五世(1161年—1184年在位)

Sverri of Norway又名Sverre Sigurdsson(1177年—1202年在位)

哈康三世(1202年—1204年在位)

Guttorm Sigurdsson(1204年在位)

英格二世(1204年—1217年在位)

Erling Steinvegg(1204年—1207年在位)

Filippus Simonsson(1207年—1217年在位)

哈康四世(1217年—1263年在位)

马格努斯六世(1263年—1280年在位)

埃里克二世(1280年—1299年在位)

哈康五世(1299年—1319年在位)

挪威—瑞典共主时代(1319—1380年)

马格努斯七世(1319年—1343年在位)

哈康六世(1343年—1380年在位)

挪威—丹麦共主时代(1380—1387年)

奥拉夫四世(1380年—1387年在位)

卡尔马联盟时期(1397—1536年)

丹麦,挪威和瑞典:1397年—1523年在位)

玛格丽特一世(1387年—1389年在位)

埃里克三世(1389年—1442年在位)

克里斯托弗(1442年—1448年在位)

查尔斯一世(1449年—1450年在位)

克里斯蒂安一世(1450年—1481年在位)

汉斯(1481年—1513年在位)

克里斯蒂安二世(1513年—1523年在位)

丹麦和挪威:1523年—1536年(1523年瑞典退出联合)

弗雷德里克一世(1523年—1533年在位)

挪威—丹麦联合王国(1534—1814年)

克里斯蒂安三世(1534年—1559年在位)

弗雷德里克二世(1559年—1588年在位)

克里斯蒂安四世(1588年—1648年在位)

弗雷德里克三世(1648年—1670年在位)

克里斯蒂安五世(1670年—1699年在位)

弗雷德里克四世(1699年—1730年在位)

克里斯蒂安六世(1730年—1746年在位)

弗雷德里克五世(1746年—1766年在位)

克里斯蒂安七世(1766年—1808年在位)

弗雷德里克六世(1808年—1814年在位)

克里斯蒂安·弗雷德里克(1814年在位)

挪威—瑞典联合王国(1814—1905年)

卡尔二世(1814年—1818年在位)

卡尔三世(1818年—1844年在位)

奥斯卡一世(1844年—1859年在位)

卡尔四世(1859年—1872年在位)

奥斯卡二世(1872年—1905年在位)

独立的挪威(1905年至今)

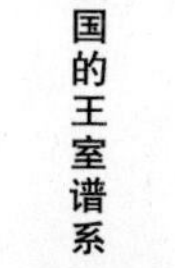

石勒苏益格—荷尔施泰因—桑德堡—格吕克斯堡王朝

哈康七世(1905年—1957年在位)

奥拉夫五世(1957年—1991年在位)

哈拉尔德五世(1991年至今在位)

瑞典君主列表

乌普萨拉王朝

胜利王埃里克(985年—995年在位)

瑞典的奥拉夫(995年—1022年在位)

雅各布(1022年—1050年在位)

老埃蒙德(1050年—1060年在位)

斯滕克尔王朝

斯滕克尔(1060年—1066年在位)

埃里克七世(1066年—1067年在位)

埃里克八世(1066年—1067年在位)

Halsten(1067年—1070年在位)

哈康(1070年—1079年在位)

老英格(1079年—1084年在位)

斯万(1084年—1087年在位)

老英格(1087年—1105年在位)

Philip Halsten(1105年—1118年在位)

小英格(1105年—1125年在位)

马格努斯(1125年—1130年在位)

斯维克尔和埃里克王朝(两家族轮流执政时期)

斯维克尔(1130年—1156年在位)

圣埃里克九世(1156年—1160年在位)

卡尔七世(1160年—1167年在位)

克努特一世(1167年—1195年在位)

斯维克尔二世(1196年—1208年在位)

埃里克十世(1208年—1216年在位)

约翰一世(1216年—1222年在位)

埃里克十一世(1222年—1229年在位)

克努特二世(1229年—1234年在位)

埃里克十一世(1234年—1250年在位)

福尔孔/富尔坤加王朝

瓦尔德马尔一世(1250年—1275年在位)

马格努斯三世(1275年—1290年在位)

小比格尔(1290年—1318年在位)

马格努斯四世(1319年—1364年在位)

埃里克十二世(1356年—1359年在位)

梅克伦堡王朝

阿尔布莱克特·梅克伦堡(1363年—1389年在位)

卡尔马联盟时期

玛格丽特(丹麦女王)(1389年—1412年在位)

埃里克十三世(丹麦国王)(1396年—1439年在位)

卡尔·克努特松,瑞典摄政官(1438年—1440年在位)

克里斯托弗(丹麦国王)(1441年—1448年在位)

本特·扬松和尼尔斯·扬松,瑞典摄政官(1448年在位)

卡尔八世(1448年—1457年在位)

扬·本特松,瑞典摄政官(1457年在位)

克里斯蒂安一世(丹麦国王)(1457年—1464年在位)

卡尔八世(1464年—1465年在位)

克提·卡尔松，瑞典摄政官(1465年在位)

扬·本特松，瑞典摄政官(1465年—1466年在位)

埃里克·阿克塞尔松，瑞典摄政官(1466年—1467年在位)

卡尔八世(1467年—1470年在位)

老斯顿·斯图雷，瑞典摄政官(1470年—1497年在位)

约翰二世(即丹麦国王汉斯)(1497年—1501年在位)

老斯顿·斯图雷，瑞典摄政官(1501年—1503年在位)

斯万特·尼尔松·斯图雷，瑞典摄政官(1504年—1511年在位)

埃里克·特罗累，瑞典摄政官(1512年在位)

小斯顿·斯图雷，瑞典摄政官(1512年—1520年在位)

克里斯蒂安二世(丹麦国王)(1520年—1521年在位)

瓦萨王朝

古斯塔夫一世·瓦萨(1521年—1560年在位)

埃里克十四世(1560年—1568年在位)

约翰三世(1568年—1592年在位)

西吉斯蒙德(1592年—1599年在位)

卡尔九世(1599年—1611年在位)

古斯塔夫二世·阿道夫(大帝)(1611年—1632年在位)

克里斯蒂娜女王(1632年—1654年在位)

普法尔茨王朝

卡尔十世·古斯塔夫(1654年—1660年在位)

卡尔十一世(1660年—1697年在位)

卡尔十二世(1697年—1718年在位)

乌尔丽卡·埃利诺拉(1719年—1720年在位)

黑森王朝

弗雷德里克一世(1720年—1751年在位)

荷尔斯泰因—戈托普王朝

阿道夫·弗雷德里克(1751年—1771年在位)

古斯塔夫三世(1771年—1792年在位)

古斯塔夫四世·阿道夫(1792年—1809年在位)

卡尔十三世(1809年—1818年在位)

贝纳多特王朝

卡尔十四世·约翰(1818年—1844年在位)

奥斯卡一世(1844年—1859年在位)

卡尔十五世(1859年—1872年在位)

奥斯卡二世(1872年—1907年在位)

古斯塔夫五世(1907年—1950年在位)

古斯塔夫六世·阿道夫(1950年—1973年在位)

卡尔十六世·古斯塔夫(1973年至今在位)

丹麦君主列表

古王朝时代

老王戈姆(936年—958年在位)

哈拉尔一世(958年—986年在位)

斯万(986年—1014年在位)

哈拉尔德二世(1014年—1018年在位)

克努特大帝(1018年—1035年在位)

哈德克努特(英格兰的克努特二世)(1035年—1042年在位)

马格努斯(1042年—1047年在位)

斯万二世(1047年—1074/76年在位)

哈拉尔德三世(1074/76年—1080年在位)

克努特四世(1080年—1086年在位)

奥拉夫一世(丹麦)(1086年—1095年在位)

埃里克一世(1095年—1103年在位)

尼尔斯(1104年—1134年在位)

埃里克二世(1134年—1137年在位)

埃里克三世(1137年—1146年在位)

斯万三世(1146年—1157年在位)

克努特五世(1146年—1157年在位)

瓦尔德马一世(1157年—1182年在位)

克努特六世(1182年—1202年在位)

瓦尔德马二世(1202年—1241年在位)

埃里克四世(1232年—1250年在位)

阿贝尔(1250年—1252年在位)

克里斯托弗一世(1252年—1259年在位)

埃里克五世(1259年—1286年在位)

埃里克六世(1286年—1319年在位)

克里斯托弗二世(1320年—1326年在位)

瓦尔德马三世(1326年—1329年在位)

克里斯托弗二世(1329年—1332年在位)

政权空白期(1332年—1340年在位)

瓦尔德马四世(1340年—1375年在位)

卡尔马联盟时代

奥拉夫三世(丹麦)(1376年—1387年在位)

玛格丽特一世(1376年—1412年在位)

波美拉尼亚王朝

埃里克七世(1397年—1439年在位)

巴伐利亚王朝

克里斯托弗三世(1440年—1448年在位)

奥尔登堡王朝

克里斯蒂安一世(1448年—1481年在位)
汉斯(1481年—1513年在位)
克里斯蒂安二世(1513年—1523年在位)
弗雷德里克一世(1523年—1533年在位)
克里斯蒂安三世(1534年—1559年在位)
弗雷德里克二世(1559年—1588年在位)
克里斯蒂安四世(1588年—1648年在位)
弗雷德里克三世(1648年—1670年在位)
克里斯蒂安五世(1670年—1699年在位)
弗雷德里克四世(1699年—1730年在位)
克里斯蒂安六世(1730年—1746年在位)
弗雷德里克五世(1746年—1766年在位)
克里斯蒂安七世(1766年—1808年在位)
弗雷德里克六世(1808年—1839年在位)
克里斯蒂安八世(1839年—1848年在位)
弗雷德里克七世(1848年—1863年在位)

格吕克斯堡王朝

克里斯蒂安九世(1863年—1906年在位)
弗雷德里克八世(1906年—1912年在位)
克里斯蒂安十世(1912年—1947年在位)
弗雷德里克九世(1947年—1972年在位)
玛格丽特二世(1972年至今在位)

参考文献

高关中、郑丽群编著,《北欧五国·丹、瑞、挪、冰、芬——福利社会的典范》,社会科学文献出版社,2004年。

王祖茂著,《当代各国政治体制·北欧诸国》, 兰州大学出版社,1998年。

郭小凌、杨宁一主编,《新编世界列国史丛书·北欧各国》,北京语言文化大学出版社,1998年。

孟淑贤主编,《各国概况·北欧》,世界知识出版社,1997年。

《大不列颠百科全书》(国际中文版), 中国大百科全书出版社,1999年。部分词条。

石琴娥著,《北欧文学大花园》,湖北教育出版社,2007年。

(冰岛)佚名著,石琴娥、斯文译,《世界英雄史诗译丛:萨迦》,译林出版社,2003年。

戴尔·布朗主编,金冰译,《北欧海盗:来自北方的入侵者》,华夏出版社,广西人民出版社,2004年。

田德文编著,《列国志·挪威》,中国社会科学院《列国志》编辑委员会,社会科学文献出版社,2007年。

梁光严编著,《列国志·瑞典》,中国社会科学院《列国志》编辑委员会,社会科学文献出版社,2007年。

王鹤编著,《列国志·丹麦》,中国社会科学院《列国志》编辑委员会,社会科学文献出版社,2006年。

尼尔·肯特著,吴英译,《瑞典史》,中国出版集团,中国大百科全书出版社,2010年。

亨德里克·威廉·房龙著, 曹竞仁译,《伟大的逃亡》, 新星出版社,2012年。

秦傲松主编,《通往北方之路:挪威王国》,武汉大学出版社,2003年。

(丹麦)帕利·劳林著,《丹麦王国史》,湖北人民出版社,1973年。

Kevin J.Wanner,Snorri Sturluson and the Edda : the conversion of cultural capital in medieval Scandinavia,University of Toronto Press,2008.

Peter Sawyer ed. The Oxford Illustrated History of The Vikings,Oxford University Press,1997.

Berit I.Brown,ed. Nordic Experiences: Exploration of Scandinavian Cultures, Greenwood Press,1997.

Angus A.Somerville & R.Andrew McDonald eds. The Viking Age:A Reader, University of Toronto Press,2010.

Anthony F.Upton,Charles XI and Swedish Absolutism,Cambridge University Press,1998.

Knut Helle ed.The Cambridge History of Scandinavia:volume I:Prehistory to 1520, Cambridge University Press,2003.

Byron J.Nordstrom,Scandinavia Since 1500,University of Minnesota Press,2000.

David M.Wilson ed. The Northern World:The History and Heritage of Northern Europe,AD400–1100,Thames&Hudson Ltd,London,2003.

Karsten Alnaes, Translated by David Parton, A History of Norway in Worlds and Pictures, Gyldendal Norsk Forlag AS,2001.

（京）新登字083号

图书在版编目（CIP）数据
冰火传奇：北欧皇室/孙琇著. —北京：中国青年出版社，2013.2
（皇室与大国丛书）
ISBN 978-7-5153-1409-9
Ⅰ.①冰… Ⅱ.①孙… Ⅲ.①皇室-史料-北欧 Ⅳ.①K530.6
中国版本图书馆CIP数据核字（2013）第002841号

出版发行：中国青年出版社
社　　址：北京东四十二条21号
邮政编码：100708
网　　址：www. cyp. com. cn
策　　划：韩亚君
编辑电话：(010) 57350519
责任编辑：李晓丽 lxlcyp@163.com
营　　销：北京中青人出版物发行有限公司
电　　话：(010) 57350517 57350522 57350524
印　　刷：三河市国新印装有限公司
经　　销：新华书店

开　　本：700×1000 1/16
印　　张：11.5
插　　页：2
字　　数：160千字
版　　次：2013年3月北京第1版第1次印刷
定　　价：26.00元

本图书如有印装质量问题，请与出版部联系调换
联系电话：(010)57350526